大唐女子

時尚圖鑑

左丘萌 著
末春 繪

從妝容、配飾到霓裳，
揭開千年前的審美密碼，
縱覽唐朝女性的穿搭美學

序

　　本書是「中國妝束」系列小書中關於唐朝女性服飾的一冊。

　　「妝束」二字，取自唐人小說〈遊仙窟〉中形容美人的一句「妍華天性足，由來能妝束」。「能妝束」具體來看，則是李隆基〈好時光〉所謂「偏宜宮樣」、白居易〈和夢遊春一百韻〉所謂「風流梳洗」、「時世妝束」，以及敦煌曲子詞〈內家嬌〉所謂「及時衣著，梳頭京樣」，而今吾人稱之為「時尚」也。

　　大唐女兒的妝束時尚展現著繁華世相之一面，和當時的社會風氣與文化氛圍一樣，持續不斷地變動發展，彷彿繁花般次第開放、繚亂競艷，一段花事謝後，女郎們還未及感受寂寥，又有新的花事可供耽醉。

　　過去由於史料有限，針對唐朝的服飾研究往往存在著籠統化的情形，忽略了不同時期、不同人物各具特色、獨呈異彩的林林總總；而坊間熱播關於唐朝的影視，又飽含著東方主義、獵奇主義，進一

步加深了人們對唐朝女子的浪漫化、理想化的刻板印象。

雖然這妝束的花事早已隨歲月落盡，但千載之後靜繞珍叢底，於釵鈿墮處尚能覓幾片殘紅，見幾分相思。因此，本書嘗試以考古發掘所見唐代文物為基礎，對照傳世史料或出土文書中的記載，以唐人的眼光重新解讀當時真實的女性妝束時尚。書中上溯至隋，下及五代，以綺羅（服裝）、琳琅（首飾）、粉黛（妝容）、髻鬟（髮式）四篇，一一考證分述當時各類妝束的名稱、款式和組合搭配，並講述妝束時尚乃至具體的一衣一飾背後的故事。一應瑣細，卻正可和昔年大唐女兒相與會心。

本書或可算作一曲花逝之歌，一篇惜花之賦。

本書時代分期

　　隋唐五代歷時約四百年，女性的妝束時尚產生了極多的變化，得到了極大的發展。為了便於在下文進行細緻的解說，有必要區分出具體的歷史時段。隋（581~618年）可以視為唐之前的醞釀期，而五代（907~960年）則可視為唐之後的發展延續期。核心期則是綿延近三百年的唐代（其間有過短暫的武周代唐）。

　　傳統史學將唐代分為初、盛、中、晚四期；而就服飾史而言，還需單獨列出對當時服飾時尚產生重大影響的武則天統治時期，中唐、晚唐時期的區分方式也與傳統史學略有不同。以下分期多是以帝王統治始終為界，需注意的是，時尚變化是漸進的，分期也是相對而言，時期不同但年代相近的形象中，並不存在完全相異的區別。

　　一、初唐時期：唐高祖武德元年（618年）~唐高宗永徽元年（650年），大體經歷唐高祖、太宗及高宗朝初期。

二、武則天時期：唐高宗永徽二年（651年）~唐玄宗先天元年（712年），包括武則天為皇后、太后、皇帝，以及其退位後女性繼續參政的時期，行文中將這一時期稱為「武周時期」。大體經歷唐高宗、武曌、中宗、睿宗朝。

三、盛唐時期：唐玄宗開元元年（713年）~唐玄宗天寶十四載（755年），經歷唐玄宗一朝，至安史之亂止。

四、中唐時期：唐玄宗天寶十五載（756年）~唐文宗開成五年（840年），大體經歷肅宗、代宗、德宗、順宗、憲宗、穆宗、敬宗、文宗朝。

五、晚唐時期：唐武宗會昌元年（841年）~唐昭宗天祐四年（907年），大體經歷唐武宗、宣宗、懿宗、僖宗、昭宗朝。

第三篇 鬢鬟
概說 ……………………………………… 217
隋唐五代 女子典型髮式一覽 …………… 218

第四篇 粉黛
隋唐五代 女子典型妝容一覽 …………… 222
唐朝 女性妝容步驟 ……………………… 235

特別篇
公主的嫁衣 ……………………………… 238

參考文獻 …………………………………… 259

後記（一） ………………………………… 267

後記（二） ………………………………… 268

第一篇 綺羅

概說	001
隋—初唐　江南江北兩風流	002
武則天時代　紅粉衣冠拜冕旒	012
盛唐　雲想衣裳花想容	026
中唐　衣到元和體變新	052
晚唐五代　憶昔花間相見後	082
	110

第二篇 琳琅

	129
概說	130
隋　早夭的金枝玉葉	134
初唐　流落南土的王妃	148
盛唐開元　宗女淑嫻	158
盛唐天寶　長安城裡的太平人	170
中唐　大唐東都時尚	178
晚唐　敦煌殘夢	190
五代南唐　簪花仕女圖之謎	198
隋唐五代　女子典型首飾一覽	207

雲想衣裳花想容，春風拂檻露華濃。
若非群玉山頭見，會向瑤台月下逢。

——李白〈清平調〉

第一篇

綺羅

概說

　　有唐一朝，女性大體的服裝搭配一脈相承，上著衫與襦，下著袴與裙，肩臂間又披繞有長帛所製的帔。但具體而言，就和如今的時尚女性一樣，「及時衣著」是她們的首要追求。從初唐到晚唐，衣物式樣有著由緊窄纖長向博大寬緩發展的歷程。

　　本篇為簡明的隋唐五代女性時裝演變史。在每節開篇，先分別以紅拂、上官婉兒、楊貴妃、聶隱娘、同昌公主五位女子的故事為基礎，結合當時的流行服裝式樣，設計出直觀的妝束形象，其後再具體分析各時期的服裝時尚流行；然後參考考古所發現的服飾實物、繪畫與雕塑形象，對這些時期的典型妝束形象進行推測及復原。

　　在閱讀本篇之前，有必要對當時流行的染織工藝做一個初步的瞭解。

織造部

唐代的絲綢品類極多，有絹、紬、紗、縠、羅、綾、綺、錦、織成等。

經、緯　　織物均由絲線縱橫交疊織造而成，經為縱線，緯為橫線。織造時透過經線或緯線的變化，可以在織物上顯出不同的花紋。

絹、紬　　絹是當時的普通平紋織物；紬與絹類似，但織造時使用的緯線粗細不一，會形成緯向條紋。

紗、縠　　紗是較為輕薄的織物，經緯纖細，排列稀疏，呈平紋方孔。其中極輕的無花薄紗名為「輕容」，也有名為「方空」的。

　　縠與紗類似，但絲線經過強捻、精練、脫膠，表面有鬆軟的褶皺紋路，又名「縐紗」。白居易〈寄生衣與微之，因題封上〉中有：「淺色縠衫輕似霧，紡花紗袴薄於雲。」

羅　　羅是以經絲纏絞與緯線交織而成的特殊織物，因經線絞纏的方式、數量不同，創造出多種不同的式樣。羅仍屬輕薄織物，但通常比起紗、縠略顯厚重，王建〈宮詞〉中有：「嫌羅不著愛輕容。」

　　上層貴族用羅講究輕薄，有蜀地所產的「單絲羅」，極為輕薄，優良者每匹僅重五兩。李嶠〈羅〉中有：「雲薄衣初卷，蟬飛翼轉輕。」在素羅之外，又有特別提花織成的「花羅」。

綾、綺　　綾在當時包括「平紋地」或「斜紋地」的單色暗花織物。綾在唐朝極為流行。中唐以來，用特殊工藝織造的繚綾極貴重，為宮廷貴冑所重視。

　　綺的工藝類似綾，以二色彩絲（經緯異色）織造，又名「二色綾」。

錦、織成　　錦是用染好色的絲線織出的多重組織結構織物，質感較為硬挺厚重，往往具有華麗的色彩與圖紋。因其織造結構、顯花模式的不同，可分為經錦、緯錦、雙面錦等，又有將金銀線織入其中的織金錦。

　　織成是預先按照服裝式樣所需而織造的高級織物，大多用彩絲織造，也屬於錦類。

唐代織物品類概覽

絹

絁

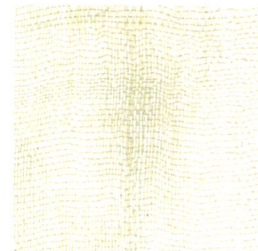
紗（今稱假紗）

羅（二經絞，今稱紗）

羅（四經絞）

菱紋羅（四經絞地、二經絞紋）

綾（斜紋地起暗花）

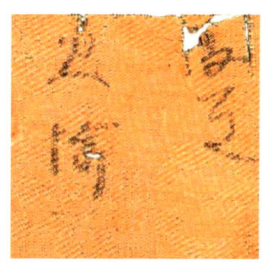
綾（平紋地起暗花，今稱綺）

綺（又名二色綾）

錦（經錦）

錦（緯錦）

織金錦

第一篇　綺羅 | 005

印染繡部

色彩　　唐人染製衣料的染料大多出自草木植物。如染紅用茜草、紅花、蘇方木，染紫用紫草，染黃用梔子、柘，染藍用藍草，染黑用橡子等。

　　宮廷織染署的染色分為青、絳、黃、白、皁（黑）、紫六色，不過實際的色彩品類極為豐富。除去預先以彩絲織好的錦、織成與部分綾綺外，大部分絹、絁、紗、縠、綾、羅，都是先織出素色匹料，再進行染色。

染製　　為了在絲綢上染出花紋，唐人多採用防染印花工藝——染「纈」，較多見的一種，如今被稱為「絞纈」或「扎染」。

　　由於工藝不同，染纈產生的花紋樣式很多，其中最為精美的是「夾纈」，大致上是透過木板相夾來進行印染，可染製出複雜的彩色紋樣。此外，又有「蠟纈」、「灰纈」等，這是先以蠟或草木灰等特殊染劑在絲綢上繪出或印出花紋後，再進行染色，形成有紋飾處不受色、花地異色的效果。

印繪　　除卻「纈」類的防染印花工藝之外，還有將染料塗在花版上，再在平鋪織物上進行拓印的直接印花工藝。另外也有「印金」工藝，這是在織物上以調膠繪製紋飾，然後敷貼金箔，待膠固定後，再將多餘金箔除去，露出紋樣。

　　　繪，是直接用筆在織物上繪製紋樣，其中將金銀箔調膠作為顏料的「金泥」、「銀泥」工藝尤為珍貴。

刺繡　　刺繡是以彩色絲線在織物上繡出各種紋飾。比起織造印染，刺繡更加自由，紋樣也更鮮豔生動。唐前期流行短針相接、後一針自前一針中間穿出的「劈針繡法」；盛唐以後流行細密長針往復交接的「平針繡法」。

　　　華麗者還會在繡樣邊緣釘壓一圈金線勾邊。最為貴重的是將捻金、捻銀線盤釘在織物表面的「蹙金」、「蹙銀」工藝。

敦煌絲綢中的植物染色示例

唐代印染繡工藝品類概覽

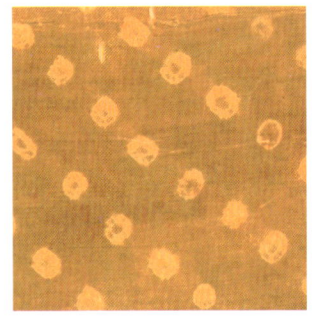
絞纈

蠟纈

灰纈

夾纈

印花

印金

彩繪

金泥繪

劈針繡

平針繡

壓金繡

蹙金繡

公（李靖）歸逆旅。其夜五更初，忽聞叩門而聲低者。公起問焉，乃紫衣戴帽人，杖揭一囊。公問誰？曰：「妾，楊家之紅拂妓也。」公遽延入。脫衣去帽，乃十八九佳麗人也。素面畫衣而拜。公驚答拜。曰：「妾侍楊司空久，閱天下之人多矣，無如公者。絲蘿非獨生，願託喬木，故來奔耳。」公曰：「楊司空權重京師，如何？」曰：「彼屍居餘氣，不足畏也。諸妓知其無成，去者眾矣。彼亦不甚逐也。計之詳矣。幸無疑焉。」問其姓，曰：「張。」問其伯仲之次，曰：「最長。」觀其肌膚、儀狀、言詞、氣性，真天人也。

——杜光庭〈虯髯客傳〉

紅拂夜奔

隋—初唐　江南江北兩風流

　　隋朝人論音辭時談到,「南方水土和柔,其音清舉而切詣,失在浮淺,其辭多鄙俗;北方山川深厚,其音沉濁而鈋鈍,得其質直,其辭多古語」[1]。初唐人談論文學時也提到,「江左宮商發越,貴於清綺,河朔詞義貞剛,重乎氣質」[2]。

　　無論民俗還是文風,從天下初歸一統的隋朝到初唐時期,都存在著巨大的南北差異,而當時女子的衣著打扮更是如此。

[1] 《顏氏家訓·音辭》。

[2] 《隋書·文學傳敘》。

隋朝女性服飾形象
敦煌莫高窟三八九窟壁畫、六二窟壁畫
段文杰,《中國壁畫全集·敦煌:隋》[M],天津:天津人民美術出版社,1991。

① 《顏氏家訓・治家》。

② 《魏書・獻文六王》：「（高祖）又引見王公卿士，責留京之官曰：『昨望見婦女之服，仍為夾領小袖。我祖東山，雖不三年，既離寒暑，卿等何為而違前詔？』」

③ 《魏書・任城王傳》：「高祖曰：『朕昨入城，見車上婦人冠帽而著小襦襖者，若為如此，尚書何為不察？』」

④ 《顏氏家訓・治家》。

⑤ 編按：褒衣博帶：寬衣闊帶，指古代儒生的服裝。

⑥ 《宋書・周朗傳》：「故凡厥庶民，制度日侈，商販之室，飾等王侯，傭賣之身，制均妃後。凡一袖之大，足斷為兩，一裾之長，可分為二；見車馬不辨貴賤，視冠服不知尊卑。尚方今造一物，小民明已睥睨。宮中someone制一衣，庶家晚已裁學。侈麗之原，實先宮閫。又妃主所賜，不限高卑，自今以去，宜為節目。金魄翠玉，錦繡縠羅，奇色異章……」

北方過去長期處於胡族統治之下，民風開明，女子往往能夠打破後宅的封閉世界，參與外界的社交應酬，「鄴下風俗，專以婦持門戶。爭訟曲直，造請逢迎，車乘填街衢，綺羅盈府寺，代子求官，為夫訴屈」①。

為便交遊、出行，她們的日常服裝以「夾領小袖」②、「冠帽而著小襦襖」③ 的「胡服」居多；而南方女子往往受縛於繁冗的禮制，「江東婦女，略無交遊。其婚姻之家，或十數年間，未相識者，惟以信命贈遺，致殷勤焉」④。她們的衣裝繼承了漢魏六朝以來褒衣博帶⑤ 的風格，為了適應南方濕熱的氣候，衣袖逐漸趨於寬大，以便散熱透涼，甚至誇張到「一袖之大，足斷為兩」⑥ 的程度。

隨著南北朝時期文化交流的深化，南朝衣裝被視作「漢衣冠」；北朝政權在標榜中原正統、制定衣冠制度的過程中，常常仿效南方的服飾制度，將南方的寬衣大袖當作重大場合穿用的禮服。服飾時尚開始呈現出南北融合的趨勢。

隋朝一統南北之後，服裝基本建立起南北融合的雙軌制度，因此當時女服可大致分為兩類：一類繼承南方的「漢式」服裝，有著闊大的襦袖、曳地的裙裾，搭配足部的高台大履，當成禮服或盛裝，平日並不穿用；另一類則繼承了北朝的「胡式」服裝，有著身穿的窄衫長裙、肩披的帔帛，搭配足蹬的短靴，當作日常服裝。

目前零散出土的隋朝壁畫中，展現女性形象的很少，線刻或陶俑也大多剝落了顏色，幸而敦煌石窟尚留有多幅描繪隋朝女供養人形象的彩繪壁畫。

此外，日本還藏有多卷《過去現在因果經繪

第一篇　綺羅 | 013

卷》[1]，其中圖樣大約均摹繪自中國隋朝時流傳至日本的佛經變文繪畫，畫中人物上至宮妃，下至伎樂侍婢，都直觀反映了當時中原女性的妝束風格。

初唐時期，貞觀五年（631年）淮安靖王李壽墓的壁畫與石槨線刻，將當時王公貴族家中女性的妝束展示得極為全面[2]，其中有盛服侍立的女官、執扇或捧持器物的侍女，還有奏樂起舞的伎樂。

▼
隋朝宮廷女性形象
《過去現在因果經繪卷》第二卷，斷片局部／日本奈良國立博物館藏

奈良國立博物館，《日本佛教美術名寶展：奈良國立博物館開館百年紀念》[M]，奈良：奈良國立博物館，1995。

[1]《過去現在因果經繪卷》是以上圖下文的形式，描繪釋迦牟尼生平故事的長卷，留傳至今的有多卷卷軸或斷片，現分藏於京都上品蓮台寺、醍醐寺報恩院、東京藝術大學等地，又有一些分屬不同時期抄摹本的零星斷片。這裡主要參考的是日本京都醍醐寺藏本，繪卷中除人物衣冠、建築樹石類似莫高窟、麥積山的隋代壁畫之外，經文字體也與隋開皇年間寫經相似。日本研究者推測其為奈良時代（710~794年）遺物，實際更可能是飛鳥時代（593~710年）後期的繪卷或後來較為寫實的摹本。

[2] 陝西省博物館等，〈唐李壽墓發掘簡報〉[J]，《文物》，1974，(9)。

▲

初唐伎樂與侍女形象

李壽墓壁畫與石槨線刻／唐太宗貞觀五年（631年）

石槨線刻為本書作者自拓片取樣
張鴻修，《中國唐墓壁畫集》[M]，廣州：嶺南美術出版社，1995。

✳ 北方風格的日常服飾

　　總的說來，隋—初唐的日常女服延續了北朝時期「婦女衣髻，亦尚危側，不重從容，俱笑寬緩」[①]的時尚，進而演變出纖長柔美的風格特點。

　　當時女性日常所穿的上衣有衫子、襖子、襦等制式，其中以衫子最為常見。區別於可罩全身的袍服，衫是通裁短身式樣，在這一時期，袖形以細長緊窄為時尚。因衫子較短，又名「半衣」。五代馬縞《中華古今注》中有：「始皇元年，詔宮人及近侍宮人，皆服衫子，亦曰半衣，蓋取便於侍奉。」雖附會的時代不可靠，但也反映出時人觀念中衫子是一種較為便利的衣式。

　　衫多為單層，採用軟薄的織物縫製，不加袖緣，適用於春夏；寒冷時節所穿的上衣則有雙層的夾衫子、襯裡夾納棉絮的襖子。

[①]《通典·樂典》。

▼

初唐侍女日常服飾形象

楊溫墓壁畫／唐太宗貞觀十三年（639年）

昭陵博物館，《昭陵唐墓壁畫》[M]，北京：文物出版社，2006。

身著褲裝的女俑
柴惲墓出土／隋煬帝大業二年（606年）
張全民，〈略論關中地區隋墓陶俑的演變〉[J]，《文物》，2018，(1)。

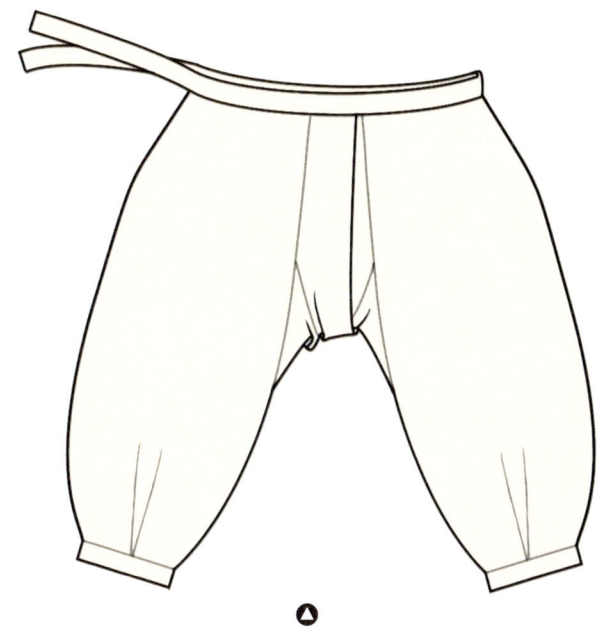

素絹袴
原件館藏於新疆吐魯番博物館，
原件左上腰一側已殘，本書作者補繪。

唐太宗賢妃徐氏有詩〈賦得北方有佳人〉，一句「纖腰宜寶襪，紅衫豔織成」，將初唐女子的上衣層次形容得尤其妥帖。

詩中所謂「襪」，是當時女性常著的內衣；穿著短窄衫子時，需先將「襪」纏於胸腰。如詩中所載，上衣也可用豔麗且質地較厚實、硬挺的織錦作為領袖緣邊，稱作「錦襈」[1]。

襦同樣也是一種短衣，但其衣身之下縫綴有一圈短圍裳，「短而施要（腰）」[2]，因而又名「腰襦」。這種式樣仍維持著前朝的制式，更為正式。

至於上衣的領式，當時以直領與弧領兩種式樣為主，具體穿著時有兩襟交疊或對襟等多種方式。

[1] 詳見下文所引吐魯番阿斯塔那唐墓出土文書《新婦為阿公錄在生功德疏》。

[2] 唐顏師古注《急就篇》所言。

日常的下裝有褲與裙。

內穿的褲裝可分為褌與袴兩類。褌是最貼身的內衣，因此雖見於文字記載，卻難以從陶俑、壁畫、線刻上得知其具體形制。至於袴，則是穿在褌外的長褲。西安長安區柴惲墓〔大業二年（606年）〕中的出土女俑，因外著的絲織衣物已不存，得以看到其內著袴裝的形態——高腰長袴的褲腳掖入短靴之內。

《步輦圖》中，一眾提起裙擺的宮人也都穿著褲腳收窄的條紋褲。新疆吐魯番博物館收藏有一腰素絹製作的小口長褲實物，兩邊褲腿分別製出，再接縫襠部嵌片，最後在腰際以帶相連。①

裙裝流行「間裙」式樣，這是將布幅裁作上窄下寬的條狀，再以雙色或多色長條相間拼合縫製而成。自魏晉南北朝以來，人們常以間色的色名作為裙的名稱，如「緋碧裙」、「紫碧裙」等。隋朝女子丁六娘作〈十索〉詩，有「裙裁孔雀羅，紅綠相參對」句，即是指當時流行的紅綠色間裙。

隋朝與初唐的女性往往將裙腰束繫得很高，直至胸乳之上。在唐初畫家閻立本所繪《步輦圖》中，一眾隨侍唐太宗的宮人便是在胸際高束起紅白色間裙；因裙過長不便行動，她們又在腹下另繫長帶將裙提起。

此外，也可在間色裙上再罩一層紗羅質地的籠裙，形成虛實結合的穿著效果。傳說這一式樣起始於隋宮，如馬縞《中華古今注》所記：「隋大業中，煬帝……又制單絲羅，以為花籠裙，常侍宴供奉宮人所服。」實際在新疆吐魯番阿斯塔那北朝墓葬的發掘中，已見有在長裙外另罩緋紅紗裙的女性

①吐魯番學研究院，吐魯番博物館，《吐魯番古代紡織品的保護與修復》[M]，上海：上海古籍出版社，2018。

▲
約隋煬帝大業年間提裙女俑
英國牛津大學阿什莫爾博物館藏

初唐宮女形象
北京故宮博物院藏
（傳）唐·閻立本《步輦圖》局部圖

服裝搭配。[1]隋朝時，籠裙已大為流行，雕塑藝術中常有一手提起長長籠裙露出間裙一角、款款前行的女性形象。

在衣裙之外，還有帔子，也稱領巾。這是一種質輕且柔的飄帶式長巾，佩時先披掛於頸肩，隨意裊曳於胸臂間，最終垂在身畔。它早見於西元前西亞希臘化時期神像的衣裝之上，後往東流傳，成為佛教藝術中天人身上當風飛舞的衣飾；南北朝時期隨佛教傳入中原後，逐漸融入世俗衣裝；因披於肩背的特徵，人們以漢語中披肩的古名「帔」或「領巾」稱之。

隋文帝開皇年間，貴家女子所用領巾還被人少見多怪地視作「服妖」，認為其與戰爭中的槊幡軍幟相似，象徵著兵禍將至[2]。但隨後不久，帔子就被女子廣泛使用。大約作於初唐的唐人傳奇〈補江總白猿傳〉中，有「婦人數十，帔服鮮澤」，是直接以「帔服」作為女裝的代稱。隋至盛唐時期的帔，多製作成兩頭弧圓的長巾式樣。

[1] 武敏，〈吐魯番考古資料所見唐代婦女時裝〉[J]，《西域研究》，1992，(1)。

[2]《隋書·五行志》：「開皇中，房陵王勇之在東宮，及宜陽公王世積家，婦人所服領巾制同槊幡軍幟。婦人為陰，臣象也，而服兵幟，臣有兵禍之應矣。」

◀
唐朝的帔子式樣（此為等比縮小製作的俑衣）
新疆吐魯番阿斯塔那唐墓區，張雄麴氏夫婦合葬墓（206號墓）／唐睿宗永昌元年（689年）

初唐女性妝束形象

髮式妝容：參考同時期壁畫與線刻形象繪製。

服飾：

❶ 日常服飾，上著淺綠衫子，下著紅綠間裙，肩搭赤黃帔子。

❷ 禮制服飾，頭戴花釵，身著大袖襦衣，足踏高頭履。

❶ ❷

南方風格的禮服盛裝

在日常的窄袖襦衣之外，又有大袖式的襦衣與長裙搭配，用於貴婦人的禮裝，如宋高承《事物紀原》稱「唐則裙襦大袖為禮衣」。

初唐李壽墓石槨內部線刻的一眾女官，身著禮衣，大袖下端還可見到搭配禮衣所用的蔽膝，以及其下繫腰大帶垂下的兩頭。

初唐盛裝女性形象
李壽墓石槨線刻／唐太宗貞觀五年（631年）
石槨現藏西安碑林博物館
本書作者自拓片取樣

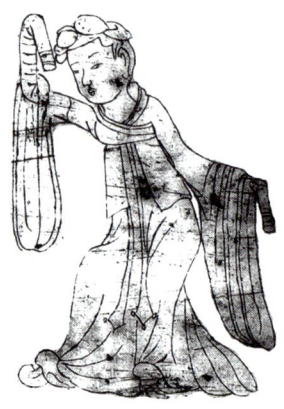

① 《舊唐書·音樂志第二·清樂》。

② 《舊唐書·音樂志第二·立部伎》。

③ 日本天平勝寶四年（752年），在東大寺舉行了大佛開眼供養法會，法會上伎樂演出所用的服裝，基本收藏於正倉院南倉之中。本文中所引奈良時代服飾文物，均出自正倉院藏品。需注意的是，正倉院藏服飾的風格並不能完全等同、涵蓋同時期的唐土流行，多係日本摹仿唐制，往往是初唐至盛唐間不同時期唐朝流行服裝元素的疊加混合；此外，法會伎樂演出服裝在裝飾細節與尺寸大小上，也並不完全同於世俗裝束。

舞伎的盛裝同樣適用於禮服的大袖襦。如延續自南朝的漢式舊樂《清商樂》：「舞四人，碧輕紗衣，裙襦大袖，畫雲鳳之狀；漆鬟髻，飾以金銅雜花，狀如雀釵；錦履。舞容閒婉，曲有姿態。」①

初唐貞觀年間唐太宗所制的《功成慶善樂》，「舞者六十四人，衣紫大袖裙襦，漆髻皮履。舞蹈安徐，以象文德洽而天下安樂也」②。廣袖飛揚、裙裾飄逸，表現出舞者婉轉嫻雅的姿態。

在同屬李壽墓石槨線刻的一組舞女圖中，女子兩兩對舞，因其正揚袖舉手，不似女官那般拘謹地將衣袖攏在身前，我們得以清晰看到大袖襦衣的式樣——短短衣身下還連有一圈短圍裳覆在裙上，領口開敞得頗大，衣袖自肘部擴張為大袖，大袖之內還露出內衫長長的窄袖。

日本奈良正倉院③收藏有一截大袖殘件，雖衣身不存，袖口部分卻保存得極為完整，可據此再結合線刻，做出整件服裝的推測復原。

與大袖襦衣禮裝搭配的裙式，大多與日常流行的長裙差異不大，只是在禮儀場合不便如勞作侍奉者那般用帶子將裙襬束起提高，而是需用高頭履勾起裙腳，以便行走、舞蹈。

◀
錦緣綾大袖
日本奈良正倉院南倉藏
奈良國立博物館，《正倉院展·第五十八回》[M]，
奈良：奈良國立博物館，1983。

婉兒量天下

昭容名婉兒,西臺侍郎儀之孫。父廷芝,與儀死武后時。母鄭方妊,夢巨人畀大秤,曰:「持此稱量天下。」昭容生逾月,母戲曰:「稱量者豈爾耶?」輒啞然應。後內秉機政,符其夢云。自通天以來,內掌詰命。中宗立,進拜昭容。帝引名儒,賜宴賦詩,婉兒常代帝及后、長寧、安樂二公主,眾篇並作,而採麗益新。又差第群臣所賦,賜金爵,故朝廷靡然成風。當時屬辭大抵浮靡,然皆有可觀,昭容力也。

——《唐詩紀事》

武則天時代

紅粉衣冠拜冕旒

回望歷史，在很長一段時期內，女性總是承載著男性或「載道」或「言情」的訴求；她們的妝束時尚只是後宮內宅婉約的熱鬧，只是缺少自身故事的沉寂中那擲地有聲的一點針響。

然而，武則天所處的時代卻是其中異數——女性參政大幅刺激、推動了妝束時尚的發展，女性變得更加具有自我意識，逐漸從過去所崇尚的「女為悅己者容」式的嬌弱、纖巧，轉向頎長健美、大膽奔放的「女為己悅者容」。

這一時期，可以被稱為「武則天時代」。它包括武則天正式稱帝、改國號為周、「女主臨朝」的時期，還包括之前唐高宗朝時武則天為皇后或太后，以及武則天退位後，太平公主、上官婉兒、韋皇后等女性繼續參政的時期，大約延續了半個世紀。當時的妝束風格，也可根據這樣的歷史背景大致分為四段演進期。

貞觀末年的女性形象
長樂公主墓壁畫／唐太宗貞觀十七年（643年）
昭陵博物館藏
昭陵博物館，《昭陵唐墓壁畫》[M]，北京：文物出版社，2006。

🌸 唐高宗執政時期（649~663年）

　　唐高宗即位初年，女子妝束風格仍延續著初唐貞觀末年的風尚，身量纖長，小袖短衣之下是高束於胸的一圍長裙，將身型曲線盡掩在長裙之中。與之配合的妝容卻已一改初唐清麗之風，雙目上下與面頰濃施紅粉而不作暈染，變得豔麗的同時，也略顯詭異粗獷。大約正是不喜宮中后妃作如此呆板的妝束，唐高宗李治在永徽元年（650年）前往感業寺進香時，才會與在那裡出家為尼、不作妝飾的唐太宗才人武則天重燃舊情。

▶
高宗朝初年的女性形象
昭陵段簡璧墓壁畫／唐高宗永徽二年（651年）
昭陵博物館藏
昭陵博物館，《昭陵唐墓壁畫》[M]，北京：文物出版社，2006。

◀
貞觀末年的女性形象
昭陵李思摩墓壁畫／唐太宗貞觀二十一年（647年）
昭陵博物館藏
昭陵博物館，《昭陵唐墓壁畫》[M]，北京：文物出版社，2006。

隨著武則天永徽二年（651年）再度入宮為高宗妃嬪，永徽六年（655年）正式被高宗封為皇后，宮廷女性的妝束風尚悄然改變。女子妝容再度變得穠淡合度，長眉纖纖，略施粉黛；間裙的裙條日益變細，但尚不算誇張；此外又有以單色布幅裁成六片或八片拼合的寬片長裙，參照唐制記載名為「渾色裙」。渾色裙的色彩以石榴紅最受喜愛──武則天在感業寺出家時，曾作情詩〈如意娘〉一首寄與唐高宗：

看朱成碧思紛紛，憔悴支離為憶君。
不信比來長下淚，開箱驗取石榴裙。

　　尤為幸運的是，在阿斯塔那唐墓214號墓的考古發掘中，出土了一組大致保存完整的該時期女性服飾實物，它們比起色澤脫落的陶俑、線條模糊的壁畫更加真切，使我們有了重現昔年美人昳麗風姿的機會。

　　據墓誌可知，墓主為大唐西州岸頭府果毅息張君之妻麴勝，逝於唐高宗麟德二年（665年），年僅十八歲。佳人芳華短暫，衣裝風貌卻可以在復原之後再為今人所見：麴勝頭戴以麻布塑形外貼裹髮絲、飾彩繪雲紋剪紙的義髻；身著淺褐寶花葡萄紋綺衣；所穿裙裝尤見風致，內襯的是一腰葡萄石榴纈紋紅裙，彷彿是據武則天詩文中那引得至尊天子回顧的石榴紅裙裁出；外罩的則是一腰淺絳紗長裙，細細裁出長條紗料再加以拼縫，輕籠於紅裙之上。紗料極輕薄，使原本色彩明麗的紅裙暈染出輕柔嬌美的娉婷韻致。

女墓主麴勝妝束形象

唐新疆吐魯番阿斯塔那214號墓／高宗麟德二年（665年）

髮式妝容：參考同墓出土女俑形象繪製。

服飾：據出土服飾實物組合而成。

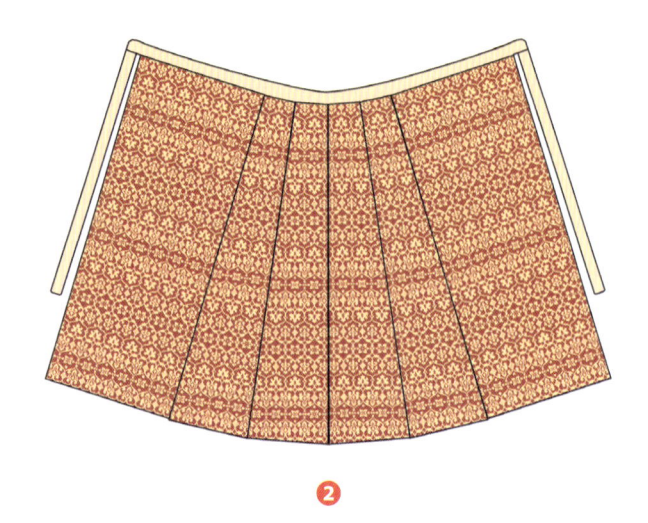

❷葡萄石榴紋纈紅夾裙一腰：以素絹襯裡，裙面染作暗紅，顯出交纏葡萄藤與石榴花組合紋樣。中為上窄下寬相連的四幅，兩側各接一片正幅。雖出土時已裂為數片，但形制較為清晰，可作復原。裙腰帶部分為後期推測補充。

❶假髻一枚：以麻布為胎，順貼真髮於其上製成。外貼彩繪雲形剪紙七朵。雖前端已殘，但是結構大致完好，可作推測復原。

上衣已殘，見有兩端煙色花錦衣袖，領形不明，據同時期服飾式樣補全。

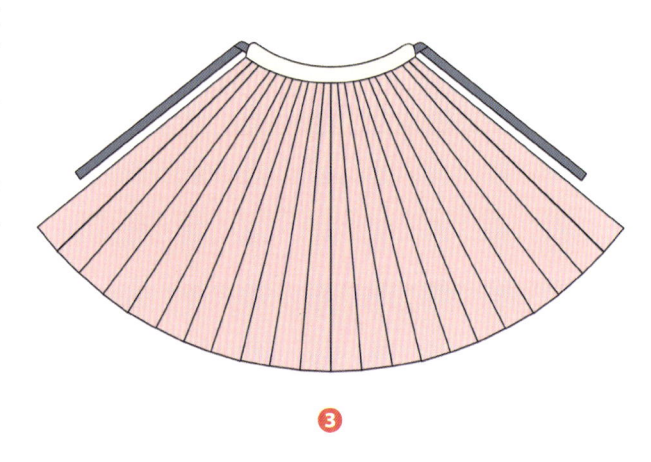

❸淺絳紗裙一腰：著於葡萄石榴纈紋紅夾裙之外。以二十二片窄幅淺絳紗料拼縫而成，上綴素絹裙腰，裙腰兩端綴深藍紗裙帶。

二聖臨朝時期（664~683年）

因唐高宗患有風疾，時常頭暈目眩難以處理政事，朝政大權逐漸掌握在身為皇后的武則天手中。自唐高宗麟德元年（664年）始，便是高宗視朝，武后垂簾於後，二人合稱「二聖」。到了上元元年（674年），高宗與武則天改稱天皇、天后，正式落實了「二聖臨朝」的制度。

在此期間，女性妝束風格出現了較為明顯的變化。髮式除了將原本流行的高髻進一步變高之外，又仿效起華麗柔美的南朝之風，在頭頂梳起寬大的雙鬟。淡作粉妝的面上，還可裝飾以小巧的花鈿、面靨。

二聖臨朝時期女性形象

新城長公主墓壁畫／唐高宗龍朔三年（663年）

陝西省考古研究所，《陝西新出土唐墓壁畫》[M]，重慶：重慶出版社，1998。

▲

二聖臨朝時期女性形象

韋貴妃墓壁畫／唐高宗麟德二年（665年）

陝西省考古研究院，昭陵博物館，《唐昭陵韋貴妃墓發掘報告》[M]，北京：科學出版社，2017。

▲

二聖臨朝時期女性形象

燕妃墓壁畫／唐高宗咸亨二年（671年）

昭陵博物館，《昭陵唐墓壁畫》[M]，北京：文物出版社，2006。

　　女子身型逐漸變得更為挺拔豐盈，上衣領口常挖作弧形，穿著時衣襟在胸前圍繫形成圓領，或對襟作ω形。裙腰逐漸下移，直到發展為胸下高腰位置。帔帛端莊地披掛於兩肩，仍延續著初唐式樣。

　　在中亞粟特地區撒馬爾罕古城的考古發掘中，城中大使廳的那一面牆上，繪有皇后時期的武則天與眾宮人在盛開蓮花的湖上乘龍舟遊樂的情景，她們均作頭梳雙鬟、戴金花簪、著圓領上衣、繫間色長裙的華麗打扮。①

　　在阿斯塔那29號唐墓出土的唐高宗咸亨三年（672年）《新婦為阿公錄在生功德疏》文書中，詳盡羅列了「新婦」布施的兩套完整女裝的名目，可作對照組合：

①Arzhantseva, Irina, Olga Inevatkina.〈AFRASIAB WALL-PAINTINGS REVISITED: NEW DISCOVERIES TWENTY-FIVE YEARS OLD〉[J]，《Rivista Degli Studi Orientali, vol. 78》，2006.

① 馬縞在《中華古今注》中稱「袜肚」：「蓋文王所制也，謂之腰巾，但以繒為之。宮女以彩為之，名曰腰彩。至漢武帝以四帶，名曰袜肚。至靈帝賜宮人蹙金絲合勝袜肚，亦名齊襠。」附會時代不足取，但一番形容較近實際。

② 《舊唐書・高宗本紀下》。《冊府元龜》中亦錄本條，題〈捉搦服飾靡麗與厚葬敕〉，其中「花間裙衣」作「豎間裙衣」。

墨綠紬綾裙一腰、紫黃羅間陌腹一腰、緋羅帔子一領、紫紬綾襻子一錦襆、五色繡鞋一量、墨綠紬綾襪一量錦勒，右前件物布施見前大眾。

紫綾夾裙一腰、綠綾夾帔子二領、肉色綾夾衫子一領，右件上物新婦為阿公布施。

文書中所謂「陌腹（袙複）」，舊注又有「袜肚」、「腰巾」、「腰彩」①等名，也是這一時期產生的新樣裙裝。它承襲自初唐式襦衣下圍相連的一圈腰裳，進而獨立成單獨外繫的短裙；如新城公主墓壁畫中，便有在窄地長裙上另行圍繫一腰短裙的女子形象，甚至「陌腹」也有窄條間色式樣。

至於這時的間裙，裙條已變得極細。同時期壁畫形象中的間裙，往往是用四、五十道細條接續拼縫，頗為費工，當時有「七破間裙」、「十二破間裙」等說法——正如現今用「八開」、「十六開」等說法來表示紙張大小。在整幅裙料寬度固定的前提下，破數愈多，則裙的拼縫條愈窄，如「七破」指破一幅為七道長條。若以唐代裙裝常見用料六幅計算，則七破間裙是以四十二道長條拼縫。間裙的流行遍及四方，甚至當時童謠也稱「紅綠復裙長，千里萬里猶香」。

奢侈的世風最終引起了朝廷的注意。唐高宗在永隆二年（681年）的詔書中，特別針對女子衣裙用料與式樣加以申斥：「朕思還淳返樸，示天下以質素。如聞游手墮業，此類極多。時稍不豐，便致飢饉。其異色綾錦，並花間裙衣等，靡費既廣，俱害女工。天后，我之匹敵，常著七破間裙，豈不知更有靡麗服飾，務遵節儉也。」②

《新婦為阿公錄在生功德疏》
新疆吐魯番阿斯塔那29號墓／唐高宗咸亨三年（672年）
中國文物研究所，等，《吐魯番出土文書（三）》[M]，北京：文物出版社，1996。

❶ 緋羅帔子一領
紫紬綾襖子一錦褾
綠綾夾帔子一領
肉色綾夾衫子一領
紫黃羅間陌腹一腰
紫綾夾裙一腰
墨綠紬綾裙一腰
五色繡鞋一量

▲
唐高宗咸亨三年（672年）女性妝束形象

髮式妝容：參考同時期木俑形象繪製。

服飾：將《新婦為阿公錄在生功德疏》記載與同時期壁畫形象組合而成。

❶ 上著弧領對襟式襖子，下著墨綠紬綾裙，外繫紫黃羅間陌腹，肩搭緋羅帔子，足穿五色繡鞋。

❷ 上著肉色綾夾衫子，下著紫綾夾裙，肩搭綠綾夾帔子。

二聖臨朝時期女性形象

李鳳墓壁畫／唐高宗上元二年（675年）

申秦雁，《神韻與輝煌：陝西歷史博物館國寶鑑賞·唐墓壁畫卷》[M]，西安：三秦出版社，2006。

龍舟中的武則天與眾宮人

撒馬爾罕古城大使廳壁畫／約677年

這類華麗間裙的實物，有新疆阿斯塔那213號墓出土的一腰紫黃二色絹拼縫的間裙①。而從日本正倉院藏、奈良時期古代紡織品殘片中揭取出的兩腰以多色裙條拼縫而成的間裙，或許便是唐人所謂的「花間裙」。

這類裙裝都採雙面式設計，其中保存較完好的一腰，一面以深淺兩色的紅絁拼接，一面用綠綺、紫綾、紅蠟纈絁三色細條相間拼縫，裙帶用紅絁。另外殘缺較多的一腰，則一面為紅絞纈絁與黃絁相間，一面為紫綾與綠絞纈絁拼縫，裙帶用綠絁。

①實物為夾裙，面以黃紫二色拼縫，米色素絹襯裡。因殘損較多、形制不明，這裡未作復原推測。

◐

綠綺紫綾紅蠟纈絁間縫、深淺紅絁間縫雙面裙（上）；紫綾綠絞纈絁間縫、黃絁紅絞纈絁間縫雙面裙（下）

日本奈良正倉院南倉藏

正倉院事務所，《正倉院寶物：宮內廳藏版・南倉（二）》[M]，東京：每日新聞社，1994。

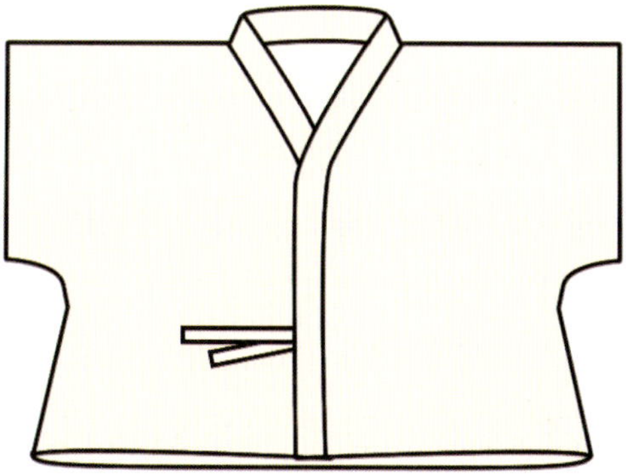

白絹背子

新疆吐魯番阿斯塔那232號墓

原件為白絹正裁，左襟保存完整，衣襟緣邊綴有繫帶，右襟已殘。

本書作者補繪

① 《養老律令·令第七·衣服令》。日本大寶元年（701年）制定完成《大寶律令》，養老二年（718年）又在此基礎上，參照唐《永徽令》編撰完成《養老律令》，其中包括詳細規定貴族階層服制的《衣服令》。

日本奈良時期的貴族積極仿效唐朝制度，貴族女性的禮服也參考了唐朝女服的流行式樣，甚至當時服飾制度中也有了「蘇方深淺紫綠纈裙」、「蘇方淺紫深淺綠纈裙」等名目①。

在較正式的場合，女性還會在長袖上衣外另穿一件短袖或無袖的上衣「背子」。傳說這種衣式始於隋朝，如馬縞《中華古今注》中所述：「隋大業末，煬帝賜宮人、百官母妻等緋羅蹙金飛鳳背子，以為朝服及禮見賓客、舅姑之常服也。」唐高宗時期以來，背子變得愈加常見。背子既可隨上衣一併束入裙內，又可將下擺直接鬆敞在外。新疆吐魯番阿斯塔那232號墓中出土的一領白絹背子，以整幅寬度的白絹對折正裁出領口與袖口再縫合成衣。

武則天執政時期（684~705年）

高宗死後，武則天成為太后，前後廢立睿宗、中宗，已實質上掌握了朝政大權。在女性當權的背景下，這時的女性妝束也向著穠麗大膽的風格發展。

在以唐王朝官方名義贈與去世高官貴族的隨葬品中，常有作時裝打扮的侍女與伎樂人俑。例如：在蒙古發掘的突厥貴族僕固乙突墓〔葬於唐高宗儀鳳三年（678年）〕、新疆阿斯塔那發掘的永安太郡君麴氏夫人與早亡丈夫張雄的合葬墓〔葬於唐睿宗永昌元年（689年）〕①、甘肅武威發掘的慕容智墓〔葬於武周天授二年（691年）〕中，均出土了這類製作於長安、以泥頭木身雕塑為人形、再穿上縮小版絲綢衣物的俑像。

根據麴氏夫人的隨葬俑像，能夠直觀推想武則天為太后時期長安城中女子的流行妝束：她們均頭梳如驚鴻掠起翅翼般的高髻；厚施紅粉的面上，雙眉畫得濃而黑，朱唇兩畔各點一粒黑色面靨，額間花鈿與臉畔斜紅變得誇張豔麗。帔帛的一端可掖入領口或裙腰，另一端披垂於臂；寬片拼縫的單色長裙與窄條間裙仍舊流行，更有女俑是在紅黃二色間裙外另繫一腰天青色薄紗製作的籠裙，可知當時依然流行將輕紗薄羅製作的籠裙，罩在以厚實織物製作的窄條間色裙外。

①麴氏為高昌王族後人，嫁勛貴張雄為妻。入唐後張雄早死，麴氏被封為永安太郡君，卒於唐垂拱四年（688年），唐永昌元年（689年）與夫合葬。這組俑像應為其間唐長安官方所賜隨葬品。
新疆維吾爾自治區博物館，西北大學歷史系考古專業，〈1973年吐魯番阿斯塔那古墓群發掘簡報〉[J]，《文物》，1975，(7)。

武則天執政時期女性形象
新疆吐魯番阿斯塔那，張雄麴氏夫婦合葬墓（206號墓）／唐睿宗永昌元年（689年）

① 編按：古代進行押物放款收息的商鋪，即當鋪的前身。

② 唐長孺，國家文物事業管理局古文獻研究室，《吐魯番出土文書》[M]，北京：文物出版社，1983。

③ 在中土久已失傳，但因唐時即流傳至日本，近世得以抄錄回國。其作者日本抄本署作寧州襄樂縣尉張文成，經學者考證應為唐人張鷟。

④ 原書已佚失，本條為《倭名類聚抄》所引。《倭名類聚抄》是一部辭書，日本平安時期由源順編撰，約成書於承平四年（934年）。

這些著衣俑像的臂膀由廢紙撕作條狀捻成，其中部分紙文書經拼合整理，還原出長安城新昌坊中一家質庫①的賬歷文書，其中錄有大量當時長安百姓典當衣物的紀錄②，這些記載清晰披露出當時各種女性服裝之名，恰可作為俑像衣物的參照：

白小綾領巾；白小綾衫子；紫小綾袷帔子；故縵紫紅小䌷夾裙；故檀碧小綾陌腹一；故藍小綾夾裙；故緋小綾夾裙一；故白小綾夾袴一；故緋羅領巾一；白絹衫子；破縵青單裙替衫去。

在大約作於高宗永隆元年至中宗嗣聖元年間（680~684年）的唐人小說〈遊仙窟〉③中，作者以詩筆為當時的女兒妝束補充了唯美的細節：

迎風帔子鬱金香，照日裙裾石榴色。
織成錦袖麒麟兒，刺繡裙腰鸚鵡子。
紅衫窄裹小䌷臂，綠襪帖亂細纏腰。
羅衣熠耀，似彩鳳之翔雲；
錦袖分披，若青鸞之映水。
自與十娘施綾帔，解羅裙，脫紅衫，去綠襪。

奢侈的妝束風尚愈演愈烈，女性的背子也從原本偶爾使用珍貴的織錦緣邊，變成整體都以織錦裁製。這一時尚遍及東西方，如中亞片治肯特粟特遺址魯斯塔姆廳壁畫所繪唐裝女像，便穿著一領錦背子。參照後來流傳於日本奈良朝養老年間（717~724年）、學習唐人語言的辭書《楊氏漢語抄》中所記，當時奈良貴族描述「背子」為「婦人表衣，以錦為之」。④

🔺
武則天執政時期女性形象
中亞片治肯特粟特遺址，魯斯塔姆廳壁畫
宿白，〈西安地區唐墓壁畫的布局和內容〉[J]，《考古學報》，1982，(2)。

▶

武則天時代女性妝束形象

參考同時期壁畫形象與〈遊仙窟〉詩中所記女性形象繪製。

髮式妝容：頭梳雙鬟望仙髻，面繪花鈿、斜紅、靨子。

服飾：上著綠襪、麒麟織成的錦繡紅衫，下著鸚鵡刺繡裙腰石榴紅裙，肩搭鬱金色帔子。

綠襪帖亂細纏腰

紅衫窄裹小撅臂

刺繡裙腰鸚鵡子

織成錦袖麒麟兒

迎風帔子鬱金香

照日裙裾石榴色

040 ｜ 大唐女子時尚圖鑑

唐睿宗永昌元年（689年）女性妝束形象

均據阿斯塔那張雄麴氏夫婦墓出土女俑。

髮式妝容：髮髻各異，有交心、漆鬟、驚鵠等髻式。面上繪各式花鈿、斜紅、靨子。

服飾：

❶ 上著綠衫子、聯珠紋錦背子，下著紅黃間裙、天青紗裙，肩搭綠帔子。

第一篇　綺羅 | 041

❷ 上著弧領式綠衫子，下著紅黃間裙，肩搭緋羅帔子。

❸ 上著V領式黃衫子，下著朱裙，肩搭綠羅帔子。

❷

❸

麴氏夫人墓中隨葬女俑身上拆下的衣物雖縫製粗糙，但已能清晰展現出這種錦背子的製作方式：衣身以整幅錦料不做中縫地對折，兩側留出袖口修出身型，領口挖出直領、弧領等領型。

日本奈良正倉院收藏的幾件背子實物，反映出更多的製作細節：待衣身製好，還可另附領緣、短袖、鑲邊。如一件赤地錦為表、黃絁為裡、紫地錦做緣邊的無袖短衣，前身墨書「東大寺、前吳女、六年」，是天平時代大佛開眼法會上伎人扮演女性角色「吳女」時穿著的演出服裝之一，式樣類似武則天時代女子日常所用的背子。此外又有數件較為殘缺的短袖錦衣，下無緣邊（腰襴），或只接短緣，大約也是背子之類。

在載初元年（690年）武則天改唐為周、正式稱帝之後，女子妝束變得愈加自信從容。如山西太原出土武周聖歷三年（700年）郭行墓壁畫中的侍女，她們的上衫領口或是作開得很低的弧領，或是直接作直領對襟，雪胸僅用裙腰半掩，有時上衣甚至不繫入裙中，而是在胸前鬆敞開來，呈現酥胸半露之態。類似的衣裝風格在八世紀初頗為流行，廣泛見於當時的墓葬壁畫之中。

▲
各式錦背子（俑衣）
新疆吐魯番阿斯塔那，張雄麴氏夫婦合葬墓（206號墓）／唐永昌元年（689年）

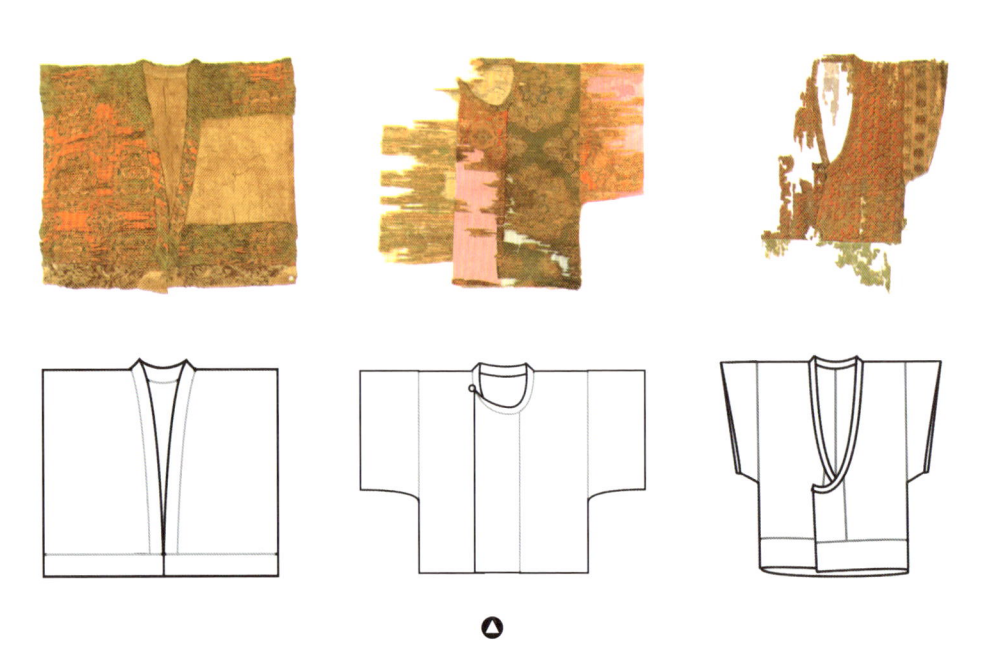

各式錦背子（實物）

日本奈良正倉院南倉藏

正倉院事務所，《正倉院寶物：宮內廳藏版・南倉（二）》[M]，東京：每日新聞社，1994。

線圖為本書作者所繪

武則天執政時期大膽穿衣風格

郭行墓壁畫／山西太原武周聖歷三年（700年）

山西省考古研究院，太原市文物考古研究所，〈山西太原唐代郭行墓發掘簡報〉[J]，《考古與文物》，2020，(5)。

▲ 武則天執政時期大膽穿衣風格

山西太原諸唐墓壁畫／約八世紀初

從左至右：山西省考古研究所，〈太原市南郊唐代壁畫墓清理簡報〉[J]，《文物》，1988，(12)；太原市文物考古研究所，〈山西太原晉源鎮三座唐墓壁畫墓〉[J]，《文物》，2010，(7)；山西文物管理委員會，〈太原南郊金勝村唐墓〉[J]，《考古》，1959，(9)。

雖在高宗朝末年就已有朝廷規範，又有武則天穿著簡樸服飾以身作則，但一眾貴婦人於服飾上的愛美與攀比之心卻難以消歇。於是在該時期的女性形象中，可以見到一種欲蓋彌彰的衣物穿著方式：她們用寬大的帔帛繞在胸間，將華麗的織錦背子蓋住，在間裙外也另罩上單色長裙加以掩飾。

需特別注意的是，這類當成罩裙的長裙不同於前代的單片長裙，多是在身側開衩的套穿式樣，圍合於腰際時，在胯部兩側用束帶繫連，時常露出一角內穿的窄條間裙。闊大的褲腳散開如裙一般，是一種罩在裙外的「裙袴」（裙式褲裝）；為便於將間裙罩在其中，身際不開褲腿，而是作裙幅相連、中壓褶襉的狀態。這種裙袴長度及足，當裙腳由高台履挑起時，偶爾也會露出內部間裙。

①該組屏風出土於新疆吐魯番阿斯塔那230號墓，墓主張禮臣，葬於武周長安二年（702年）。屏風原為六扇聯屏，保存最好的一扇舞伎除右手與帔子殘損，基本完好。與其相對而立的舞伎僅存雙履。今據粉本近似的永泰公主墓石槨線刻美人像補全圖像。
金維諾、衛邊，〈唐代西州墓中的絹畫〉[J]，《文物》，1975，(10)。

新疆阿斯塔那唐墓出土一組武周年間繪製的舞樂美人圖屏①，其中保存最好的一扇舞伎像，上著朱羅小袖衫，罩寶花卷草紋背子，下罩袴式長裙，裙腳由高頭履高高挑起；帔帛一端披入微露的雪胸間，一端由手輕執舞動。這正彰顯著武周時代女子姿豐容豔、秀色明麗的風貌。

武則天執政時期女性形象

西安長安區西兆村16號墓壁畫
程旭，〈長安地區新發現的唐墓壁畫〉[J]，《文物》，2014，(12)。

武則天執政時期女性妝束形象

髮式、妝容、服飾均參考阿斯塔那唐墓舞樂圖屏風絹畫、懿德太子墓壁畫形象。

上著緋羅衫子、卷草寶花紋錦背子，下著紅裙，肩披黃帔子。

武則天執政時期女性形象

新疆吐魯番阿斯塔那，張禮臣墓（230號墓）舞樂圖絹畫屏風／唐睿宗垂拱四年（689年）

本書作者補繪

第一篇　綺羅 | 047

女性參政時期（706~712年）

隨著神龍元年（705年）武則天退位、唐中宗復位為帝，女主時代宣告終結。然而，經歷了武周朝影響，這一時期的貴族女性仍保留著濃厚的參政熱情。以韋皇后、太平公主、上官婉兒等為代表，積極參與朝堂政事的貴族女性群體，繼續引領著女性妝束時尚。

其中武則天的兒媳、唐中宗皇后韋氏積極模仿武周舊制，甚至大膽地在女性服裝中採用男子在朝堂甚至祭祀大典上的冠服元素。如陝西漢唐石刻博物館藏有一方線刻「大唐皇帝皇后供養」圖像的石經幢，經考證，圖中帝后應為唐中宗與韋皇后[①]。

韋后頭頂裝飾猶如帝王冕冠般的垂珠冕旒式掛飾，身上服裝也裝飾著帝王冕服所用的日月、飛龍等章紋。其餘如韋后愛子懿德太子，小妹十三娘、十七娘墓中出土的石槨，也刻有頭戴類似男性官員所用進賢冠（文官用冠）、鶡冠（武官用冠）、進德冠（貴臣用冠）等禮制式冠的華服女官形象。

① 高玉書，〈唐皇帝皇后供養經幢構件解讀〉[J]，《收藏界》，2016，(3)。

唐中宗時期女性禮服盛裝形象

陝西漢唐石刻博物館藏石經幢線刻；懿德太子墓石槨線刻；韋十三妹、十七妹石槨線刻

本書作者改繪自：

（左）高玉書，〈唐皇帝皇后供養經幢構件解讀〉[J]，《收藏界》，2016，(3)。

（中）本書作者自拓片取樣。

（右）中國陝西省考古研究院，德國美因茨羅馬－日耳曼中央博物館，《唐李倕墓：考古發掘、保護修復研究報告》[M]，北京：科學出版社，2018。

① 《舊唐書·五行志》。

② 《朝野僉載》。

女性參政時期大膽的穿衣風格
韋頊墓石槨線刻／約八世紀初
本書作者自拓片取樣

裙袴持續流行的同時，再度出現將間色裙裝顯露在外的女裝形象，間裙裙條之上往往還另行剪貼綴飾花鳥雲紋。最華麗的兩腰裙裝見於史載——唐中宗愛女安樂公主下嫁武則天姪孫武延秀時，蜀地曾獻一腰「單絲碧羅籠裙」，其上以細如絲髮的金縷繡出精巧的花鳥，這些裙上的小鳥「大如黍米，眼鼻嘴甲俱成，明目者方見之」。安樂公主更命宮中尚方以百鳥羽毛織成「百鳥毛裙」，「正看為一色，旁看為一色，日中為一色，影中為一色，百鳥之狀，並見裙中」①。

此後，追逐時尚的女子競相仿效，尋找珍異材料製作各種綺麗錦繡衣裙，甚至出現「山林奇禽異獸，搜山蕩谷，掃地無遺」的情形②。然而大抵是「花開花落不長久」，一場轟轟烈烈的女性妝束時尚潮流隨著韋皇后、上官婉兒、太平公主等相繼被誅而漸有消歇之勢。失了根本，滿地落紅終將歸於沉寂——唐玄宗於開元二年（714年）下令，將宮中所存前代錦繡衣物全部運至殿前，付之一炬。

唐中宗時期女性形象
永泰公主墓石槨線刻；章懷太子墓石槨線刻／唐中宗神龍二年（706年）

本書作者改繪自：樊英峰、王雙懷，《線條藝術的遺產：唐乾陵陪葬墓石槨線刻畫》[M]，北京：文物出版社，2013。

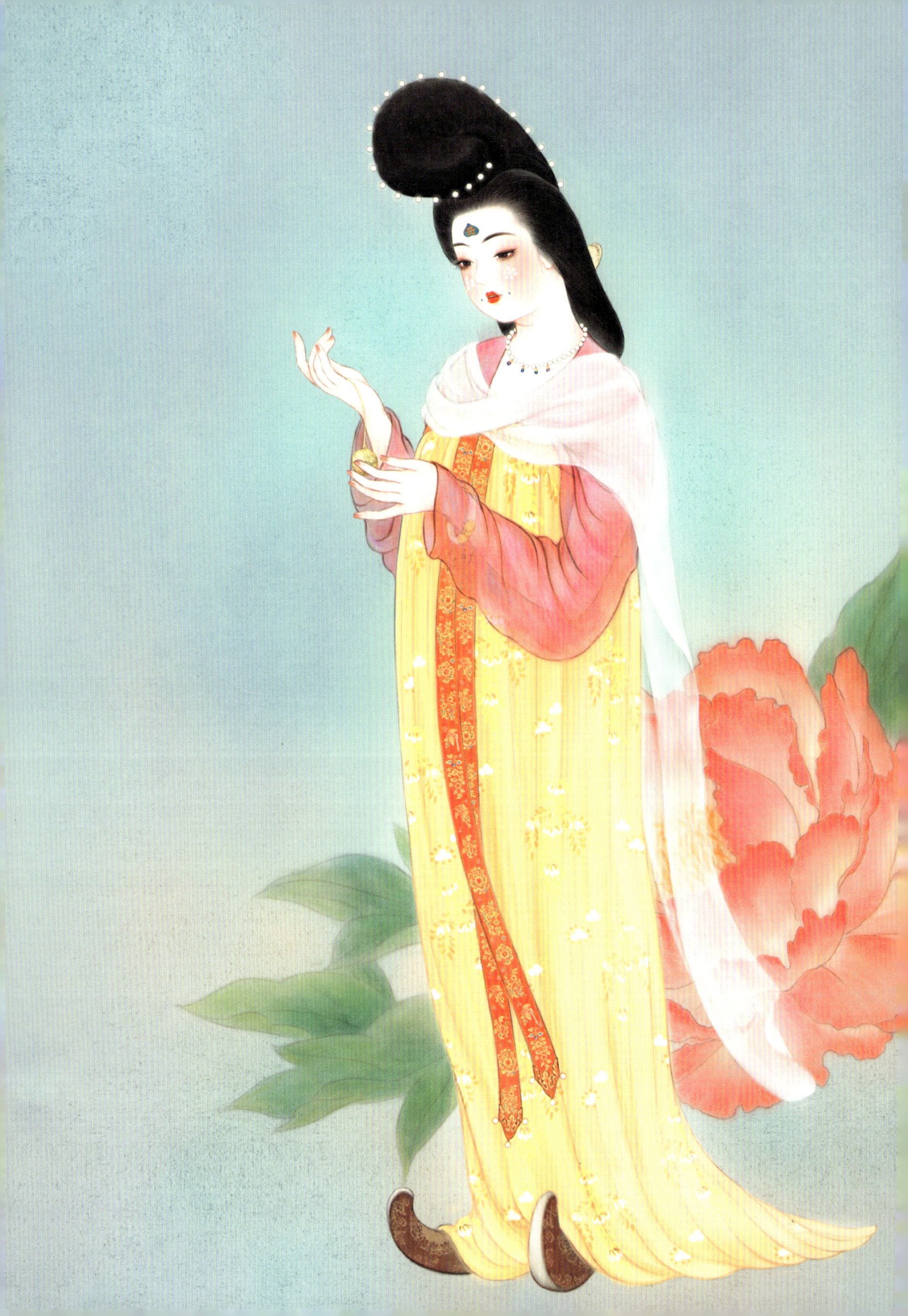

太真姿質豐豔，善歌舞，通音律，智算過人。每倩盼承迎，動移上意。宮中呼為「娘子」，禮數實同皇后……及潼關失守，從幸至馬嵬……與妃詔，遂縊死於佛室。時年三十八，瘞於驛西道側。上皇自蜀還……密令中使改葬於他所。初瘞時以紫褥裹之，肌膚已壞，而香囊仍在。內官以獻，上皇視之淒惋，乃令圖其形於別殿，朝夕視之。

——《舊唐書·楊貴妃傳》

貴妃遺香囊

盛唐 雲想衣裳花想容

　　近人提起唐朝女性，往往用「以胖為美」來概括她們的形象。這其實是一種片面的刻板印象。唐女的姿容，在經歷了初唐風格的纖秀清俊、武周風格的頎長明豔之後，才迎來了盛唐玄宗一朝對豐腴圓柔的好尚。

　　究其緣故，需結合具體的歷史背景來看。隨著武則天統治的女主時代過去，皇室群媛只得再度將注意力從朝堂轉向後宅。哪怕她們馬上英姿依舊，但自從朝堂上的女性身影逐漸隱去，武周式的明豔態度與頎長健美就不再獨擅勝場：一方面是為了迎合男子的欣賞，益發表現出嬌盼溫柔的態度；一方面是盛世背景下胡食大為流行，卻「飽食終日無所用心」，貴族女子的身型自然也就日趨豐腴。如此對照看來，從武則天時代到盛唐，女子妝束有著由外放逐漸轉向內斂的趨勢。

　　天下女子的妝束好尚也對皇室審美喜好亦步亦趨，但此喜好並非隨朝代與帝王年號更替而立刻變易，而是一段脈絡清晰、漸進式的時尚演變過程。

🌸 開元初期（713~725年）

① 《資治通鑑·唐紀》：「上以風俗奢靡，秋七月乙未，制：『乘輿服御、金銀器玩，宜令有司銷毀，以供軍國之用；其珠玉、錦繡，焚於殿前；后妃以下，皆毋得服珠玉錦繡。』戊戌，敕：『……婦人服飾從其夫、子。其舊成錦繡，聽染為皂。自今天下更毋得採珠玉、織錦繡等物，違者杖一百，工人減一等。罷兩京織錦坊。』」

② 《次柳氏舊聞》：「（玄宗）詔力士下京兆尹，亟選人間女子細長潔白者五人，將以賜太子……得三人，乃以賜太子。」《舊唐書》列傳第二〈肅宗敬皇后吳氏傳〉：「開元十三年（725年），玄宗幸忠王邸，見王använd御蕭然，傍無媵侍，命將軍高力士選掖庭宮人以賜之，而吳后在籍中……明年生代宗皇帝。」《舊唐書》中開元十三年原寫作二十三年，然吳后生代宗於開元十四年，則此應作開元十三年。

初即位的唐玄宗厲行節儉，甚至不惜先拿後宮開刀，尋出宮中的珍奇衣物焚燒於殿前，禁止后妃服珠玉錦繡；緊接著又要求天下百姓將舊有的錦繡染黑，不許再製作珠玉首飾、錦繡衣物，甚至官營的織錦坊也被關停①。在這樣的歷史背景之下，女子的妝束風格發展略顯停滯，過去張揚華麗的衣裙時尚也有所收斂。

開元初的十幾年間，女子身型仍接近武則天時代風貌，以肌膚白皙、身材頎長為美，如開元十三年（725年）玄宗命高力士為太子忠王李亨選妃，標準仍是「細長潔白」②。妝束風格與前一時期相比，變化不大，女子頭上或挽團形小髻，或另飾如驚鵠翅翼般高聳的義髻；面上花鈿變得愈加小巧；著微露雪胸的弧領式窄袖上衣，細條間裙或顯露在外，或藏在單色袴裙之內；腰上也可另繫陌腹。

開元初期女性形象
西安東郊唐墓女俑
陝西省文物管理委員會，《陝西唐三彩俑》[M]，北京：文物出版社，1964。

第一篇　綺羅 | 053

開元初期女性形象

陝西鳳翔縣雍興路唐墓女俑

陝西省文物局，《周秦故里青銅之鄉：寶雞博物館漫步》[M]，西安：陝西旅遊出版社，2013。

　　對照同時期染織絲綢實物，可知在華麗織錦、刺繡被明令禁止的背景之下，人們改用繪畫或印染等方式，在絲綢上製作出同樣絢麗的圖紋。傳說當時玄宗命後宮女子使用直接繪製紋樣的帔帛，名為「畫帛」[①]；還有一種特殊的染色工藝「夾纈」在此時創制，據說是玄宗柳婕妤之妹發明[②]，方式是以二板鏤出同樣的圖案花紋，將絲綢夾在其中加以染製；又可施以二、三重染色，染畢解板，花紋左右相對，色彩多樣，不遜織錦，且質地輕薄。

　　女子的衣飾細節也絲毫不減工巧，如日本奈良法隆寺收藏的伎樂裝束殘片中，修復者整理出了一件「裳」的殘件[③]。「裳」即是裙的雅稱，這件裙裝是奈良時代戲劇演出人員在寺院禮佛劇目中表演「吳女」角色的戲裝，在同一段裙腰下接縫長短兩層裙裝。這種搭配方式繼承自初唐，但具體細節仍展現出不少武周至盛唐以來的演變——在下的長裙

[①]《中華古今注》：「開元中，詔令二十七世婦，及寶林、御女、良人等尋常宴、參、侍，令披畫帛，至今然矣。」

[②]《唐語林・賢媛》：「玄宗柳婕妤，有才學，上甚重之。婕妤妹適趙氏，性巧慧，因使工鏤板為雜花象之，而為夾纈。因婕妤生日，獻王皇后一匹。上見而賞之，因敕宮中依樣製之。當時甚祕，後漸出，遍於天下，乃為至賤所服。」按：王皇后廢位於開元十二年，夾纈工藝發明當在此之前。

[③]三田覺之，〈法隆寺獻納寶物裳と袍の本格修理と復原模造製作について〉[J]，MUSEUM，2022。

伎樂裝束用裳

日本奈良法隆寺藏／約八世紀前期

東京國立博物館展出

開元初期女性形象

薛儆墓石槨線刻／唐玄宗開元九年（721年）

山西省考古研究所，《唐代薛儆墓發掘報告》[M]，北京：科學出版社，2000。

使用傳統的絞纈工藝染出綠底黃花，裙式採用武周以來才逐漸流行的在裙上加褶的方式；其上的短裙還是多片拼縫、不加打褶的舊樣，但用料則採用了來自唐土新潮的絞纈染色工藝，染出紅底、紅綠花枝與藍色瑞雲組成的規整圖樣。類似的搭配方式，也仍見於山西開元九年（721年）唐代薛儆墓石槨線刻上。

此外，法隆寺裙實物還提供了一處極精巧的細節：大約是兩層裙疊穿過重，為防止裙身滑脫，在裙腰上還加裝了背帶。類似的做法也能與陝西鳳翔

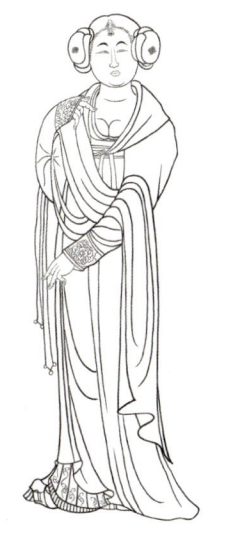

第一篇 綺羅 | 055

雍興路唐墓出土開元初期的女性俑像對看。

另外，新疆吐魯番阿斯塔那188號墓出土了一組基本完好的女性服飾。由墓誌可知，墓主麴娘字仙妃，為大唐昭武校尉沙洲子亭鎮將張公夫人，卒於唐玄宗開元三年（715年）。麴娘所著服飾除上衣與帔子未見整理，其餘保存均較完整：頭頂義髻用兩層麻布做胎，敷黏髮絲於上挽成；上身著一領橙紅緣邊的彩繪朱雀鴛鴦白綾背子，下身著一腰寶花纈紋淺絳紗裙；足穿一雙彩繪雲霞紫綺笏頭履。

墓誌文記載麴娘生平，提到多處生活剪影——「晨搖彩筆，鶴態生於綠箋；晚弄瓊梭，鴛紋出於紅縷」、「裂素圖巧，飛梭闡功」，她是習於繪事與染織的女子，除同墓中所出八扇牧馬圖屏風已見其畫技高妙外，身上所著衣裙的諸般花樣也極可能是親自設計。哪怕親人對她的追懷已一點點黯做文字裡無法排遣的沉重，麴娘的一脈幽情卻能憑絲絹留存至今。若以此論，千載之下仍令人動容。

數年過去，大約朝廷禁令有所鬆弛，大唐女子的妝束時尚又有一番新貌：織物方面出現了直接以織造方式製出帶有暈染效果的彩色細長豎紋的「暈綱」，可用以製作褲裝，也可製作間裙。它省略了原先間裙繁瑣的窄條拼縫工藝，直接以寬片拼縫，卻能顯出窄間色紋——如吐魯番阿斯塔那北區105號墓出土的一腰八彩織金暈綱裙，裙料以八色絲線織出條紋，上又以金色絲線顯出四瓣小花[①]。

由同墓出土文書可推知，這座墓葬年代約在開元九年（721年）後不久。墓中還出土了保存大致完好的花纈紋橙色帔子、狩獵紋綠紗裙片，雖不算完整，但可參照同時期形象加以推測組合復原。

① 新疆維吾爾自治區博物館出土文物展覽工作組，〈「絲綢之路」上新發現的漢唐織物〉[J]，《文物》，1972，(3)。

白花纈綠絹裙（俑衣）
新疆吐魯番，阿斯塔那187號墓出土

▶

麴仙妃妝束形象

新疆吐魯番阿斯塔那188號墓／唐玄宗開元三年（715年）

髮式妝容：參考同墓出土女俑形象繪製。

服飾：據出土服飾實物組合而成。

❶義髻一枚：以兩層麻布做胎、毛髮敷黏其上，挽成髮髻。

第一篇　綺羅 | 057

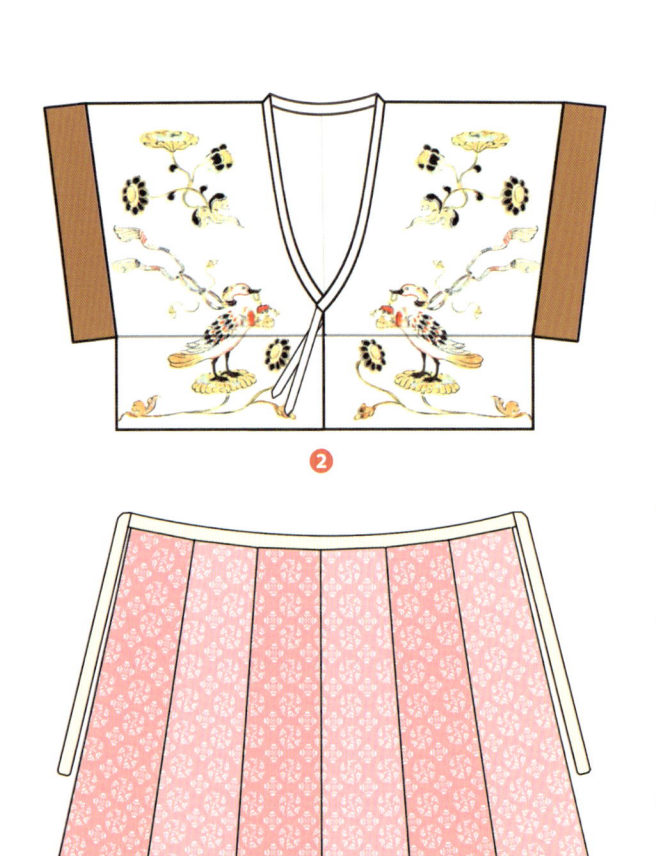

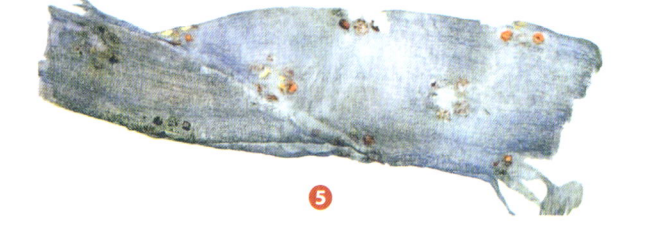

上衣已殘,式樣不明,領型可參照其外所穿背子式樣。

❷ 彩繪朱雀鴛鴦紋白綾背子一領:已殘為兩片,但基本結構完好,可作整合推測。背子紋樣為手工彩繪,正面兩襟各立一對銜綬鴛鴦,與各式卷草花葉;背子背面為對立的一對銜綬朱雀,殘甚。兩襟領端各留有繫帶以便繫結。

❸ 寶花纈紋淺絳紗裙一腰:以上窄下寬六幅紗料拼接而成。

❹ 彩繪雲霞紫綺笏頭履一雙:保存完好,以木為胎,麻布為裡,紫綺面。翹頭面上繪三朵祥雲。

❺ 敷金繪彩青紗帔子一領:因本墓紀錄中暫未見實用帔子,本處暫參考同墓出土著衣女俑所著帔子補全復原。

本條帔子以材質纖細、密度稀疏的青色輕紗裁製,面上以深淺紫、深淺紅、鵝黃、白色繪出圓點與菱形點組成花形,又以泥金繪作花蕊。

058 | 大唐女子時尚圖鑑

女墓主妝束形象

新疆吐魯番阿斯塔那105號墓／約唐玄宗開元九年（721年）

髮式妝容：參考同時期長安流行妝束繪製。

服飾：因衣物殘損嚴重，考古發掘者只提取了部分樣本。除暈繝裙殘片結構稍完整外，其餘部分僅能據裁片、縫線結構大致推測。但花縹橙帔子形制保存完好。

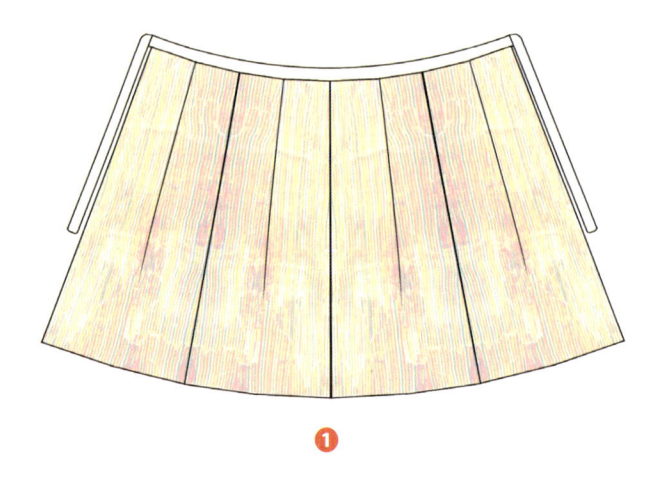

❶ 八彩織金暈繝綢裙一腰：裙料以深淺綠、深淺藍、深淺紅、黃、白八色織出三組暈繝，其上顯出金色四瓣小花。四幅裙片拼接成裙，裙腰處每幅各收一褶，形成上窄下寬的式樣。

❷ 狩獵紋纈綠紗裙一腰：裙片殘甚，有部分帶有拼縫線的殘片，可對式樣大致推測。

❸ 套色花紋纈黃絹帔子一領：保存較完整，紋樣為淺黃六瓣花與白色四瓣花組合交錯。

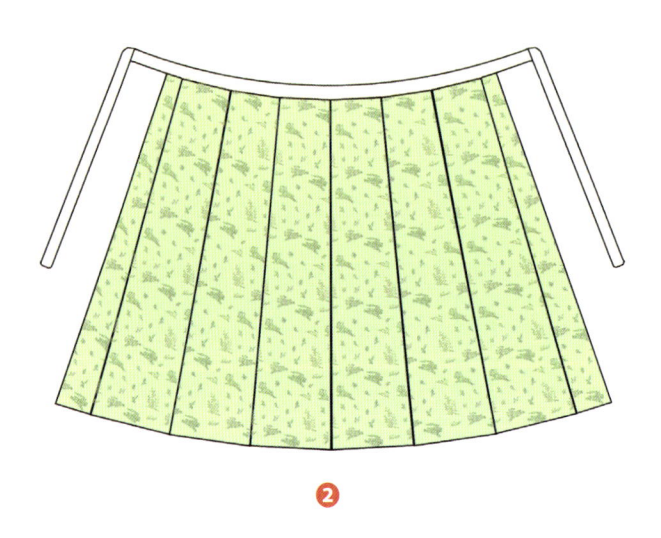

◆ 開元中期（726~735年）

　　經過玄宗多年的勵精圖治，迎來了大唐國力富強的「開元全盛世」。

　　開元中期以來，女子身型漸顯豐腴，但仍以穠纖合度為好尚。她們具體的妝束多有變動：臉畔鬢髮整齊地梳起，並虛虛撐寬，髮髻結在額頂呈低垂之狀，應是當時流行的「倭墮髻」；妝面柔美，眼角淡淡暈開紅粉，大約是唐人記載中所謂的「桃花妝」；額間臉畔又施以穠麗的花鈿與斜紅。

　　哪怕有天下不得織錦的禁令在，開元時尚女性仍大膽地陽奉陰違，將織錦裁製、質地硬挺的背子藏入外衣之下，在兩肩襯起寬闊的輪廓。這時流行的長裙多用單色裙片拼縫，裙片上端略加收褶，穿著時，裙帶高束於胸間，呈現裙身中部蓬起、裙裾自然收縮的狀態。

開元中期女性形象
陝西西安中堡村唐墓、西安西郊唐墓女俑

陝西省文物管理委員會，《陝西唐三彩俑》[M]，北京：文物出版社，1964。

新疆吐魯番阿斯塔那唐墓出土、約繪製於開元中期的幾扇美人絹畫屏風，將當時的女子妝束時尚顯示得最為清晰。屏風出土時雖已殘碎成無規律的數片，卻仍可大致拼合出幾個完整的故事場景：一扇屏風為遊春圖景，一樹盛開的杏花之下，一位青衣紫裙的美人由男裝少女攙扶，面上貼花子、繪斜紅；衣裙撒有各式折枝小花草，紋樣大約反映著方始流行但尚不繁複的新巧夾纈工藝；另一綠衣紅裙者手執團扇緊隨其後。

另一扇屏風上為梳妝情景，梳妝美人已殘缺，左側有一男裝少女作捧鏡狀、一紅衣婦人手執一朵裝飾金鈿的假髻。

開元中期女性形象

美人絹畫屏風／新疆吐魯番阿斯塔那唐墓
印度新德里國家博物館藏
本書作者修補文圖殘片

▶

開元中期前段女性妝束形象

均據阿斯塔那唐墓出土《美人行樂圖》屏風繪製。

髮式妝容：頭梳倭墮髻，面繪花鈿、斜紅、作桃花妝。

服飾：上著紅纈綠襖子（內襯錦背子），下著折枝小花纈紋紫裙，披綠帔子，胸掛素手巾。

▼

開元中期流行的小頭履

新疆吐魯番阿斯塔那27號墓

有一幅繪製時代約在開元二十年（732年）前後、出自吐魯番的紙本美人畫，畫面左側墨書題字一行：「九娘語：四姊，兒初學畫。四姊憶念兒，即看。」可知這是昔日九娘將自身模樣凝定入畫，寄與四姊作為念想。應濃應淡、宜短宜長，總是女兒自身最知，於是我們便可得到一個當時衣妝好尚的標準樣貌。

▽

開元中期女性形象

吐魯番出土紙本《九娘自畫像》

瑞典斯德哥爾摩國家人種學博物館藏

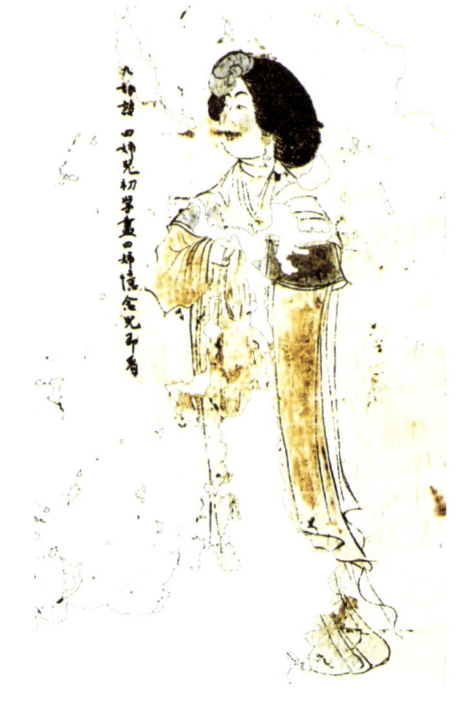

▲

開元中期女性形象

李邕墓壁畫／唐玄宗開元十五年（727年）

陝西省考古研究院，《壁上丹青：陝西出土壁畫集》[M]，北京：科學出版社，2009。

▷

開元中期女性形象

慈和禪師石棺線刻／唐玄宗開元二十年（732年）

本書作者自拓片取樣

064 ｜ 大唐女子時尚圖鑑

▼
開元中期後段女性形象

台南藝術大學藏石槨線刻

本書作者改摹自：盧泰康，〈台南藝術學院典藏石槨年代初探〉[J]，《史評集刊》，2004，(2)。

▲
開元中期後段女性形象

陝西西安西北政法學院34號唐墓女俑

中國國家博物館，等，《世紀國寶II》[M]，北京：生活・讀書・新知三聯書店，2005。

第一篇 綺羅 | 065

開元中期後段女性妝束形象

均據西安唐墓出土女俑繪製。

髮式妝容：頭梳倭墮髻，額繪花鈿，頰貼翠鈿，作酒暈妝。

服飾：上著梅花紋深綠衫子、素色背子，下著折枝花紋紅裙。

✖ 開元末天寶初（736~745年）

大約是在綺靡盛世的光景裡耽於享樂，開元後期，女性妝束的審美愈加往豐滿寬鬆發展。直到這時，今人所熟知的唐人「以胖為美」的風貌才得以形成：鬢髮蓬鬆梳開撐起在臉畔，後髮鬆垂至頸肩處才上挽至頂結成尖尖小髻；圓如滿月的臉上濃暈闊眉與紅妝；寬鬆的衣裙上滿布折枝或簇狀的花葉紋飾。

新疆吐魯番阿斯塔那唐墓的考古發掘中，有數件該時期的服飾實物，其中227號墓出土服飾保存較全，可作組合推測復原。

▲
開元末女性形象
韓休墓壁畫／唐玄宗開元二十八年（740年）
陝西省考古研究院，等，〈西安郭莊唐代韓休墓發掘簡報〉[J]，《文物》，2019，(1)。

▼
開元末女性形象
武惠妃墓石槨線刻圖／唐玄宗開元二十五年（737年）
本書作者改摹自：〈程旭·唐武惠妃石槨紋飾初探〉[J]，《考古與文物》，2012，(3)。

天寶初女性形象

讓皇帝李憲墓石槨線刻／唐玄宗天寶元年（742年）

本書作者改摹自：陝西省考古研究所，《唐李憲墓發掘報告》[M]，北京：科學出版社，2005。

　　上衣為一件彩繪白絹衣，袖為寬鬆筒狀直袖，其上繪製花枝、鸚鵡銜葡萄、流雲等紋飾；裙裝也較前一時期更為寬鬆，其製作往往是用全幅面料拼縫成片，再在腰部打上褶縐，壓一段裙腰。雖然這座墓中裙裝殘損較甚，但同時期風格的裙裝實物又有日本正倉院南倉所藏數腰殘件可作參照補足。

　　這類寬鬆的裙式在當時甚至引出一段韻事：長安城中仕女遊春尋芳，遇著名花需圍起帷幄，坐下賞花宴樂時，往往棄帷幕不用，而是由女子解下長裙，掛在插起的帳桿上作為屏障，這種以多身長裙相連圍起的屏障名為「裙幄」①。

① 《開元天寶遺事》：「長安仕女遊春野步，遇名花則設席藉草，以紅裙遞相插掛，以為宴幄，其奢逸如此也。」

紫細布單裳

日本奈良正倉院南倉藏

正倉院事務所，《正倉院寶物：宮內廳藏版‧南倉（二）》[M]，東京：每日新聞社，1994。

女墓主妝束形象

新疆吐魯番阿斯塔那227號墓

髮式妝容：參考同時期長安流行妝束繪製。

服飾：據出土服飾實物組合而成。

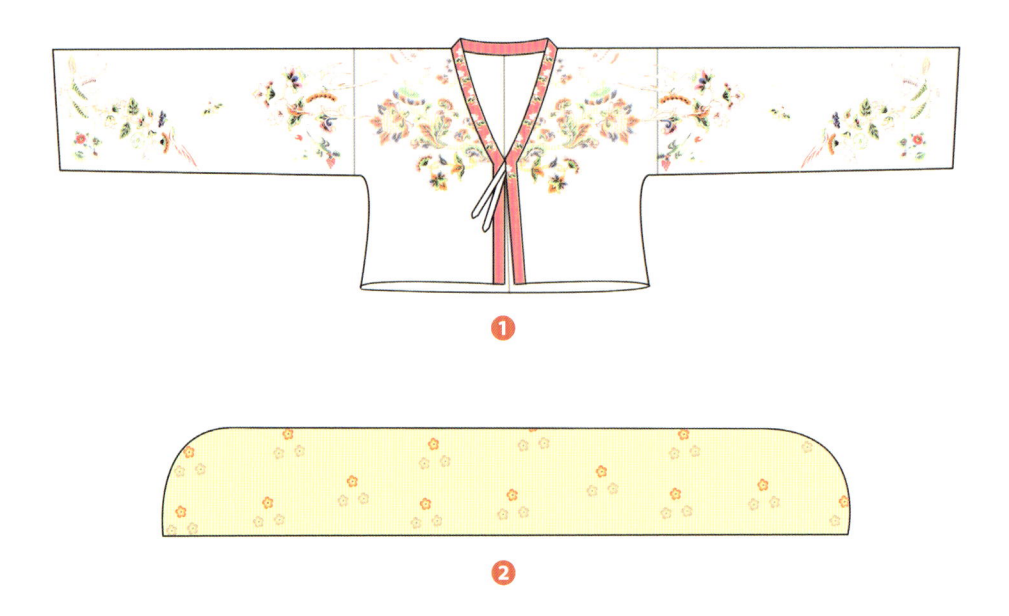

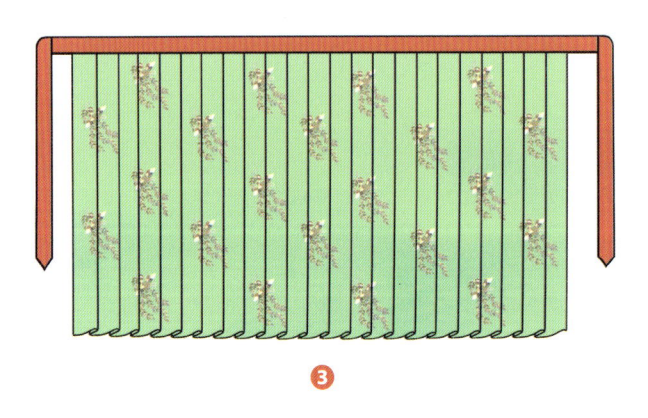

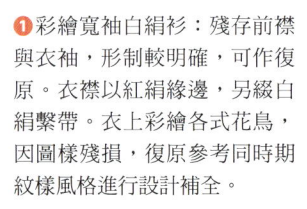

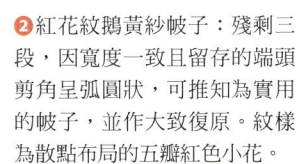

❶ 彩繪寬袖白絹衫：殘存前襟與衣袖，形制較明確，可作復原。衣襟以紅絹緣邊，另綴白絹繫帶。衣上彩繪各式花鳥，因圖樣殘損，復原參考同時期紋樣風格進行設計補全。

❷ 紅花紋鵝黃紗帔子：殘剩三段，因寬度一致且留存的端頭剪角呈弧圓狀，可推知為實用的帔子，並作大致復原。紋樣為散點布局的五瓣紅色小花。

❸ 原裙裝殘缺，未見詳細記錄。本處參考日本奈良正倉院藏裙式樣加以設計補全。

❹ 彩繪白絹夾襪：襪勒與襪身分別繪四瓣花朵紋樣。因實際穿著時掩於鞋、裙內，圖像中未作復原。

出自敦煌石窟藏經洞的唐人寫本《雲謠集雜曲子》中有兩首〈內家嬌〉，大約寫於天寶初年，皆為贊詠楊貴妃的作品。前一首中，美人作道裝打扮，應是寫楊貴妃自壽王妃入道之事；後一首題作「御制」，而詞中所謂天下第一佳人，自然非天寶四載受封號的楊貴妃莫屬：

絲碧羅冠，搔頭墜髻鬢，寶裝玉鳳金蟬。輕輕傅粉，深深長畫眉綠，雪散胸前。嫩臉紅唇，眼如刀割，口似朱丹。渾身掛異種羅裳，更薰龍腦香煙。展子齒高，慵移步兩足恐行難。天然有靈性，不媲凡間。教招事無不會，解烹水銀，煉玉燒金，別盡歌篇。除非卻應奉君王，時人未可趨顏。

（御制）兩眼如刀，渾身似玉，風流第一佳人。及時衣著，梳頭京樣。素質豔麗青春。善別宮商，能

敦煌寫本《雲謠集雜曲子》局部
敦煌莫高窟藏經洞出土
法國國家圖書館藏

調絲竹，歌令尖新。任從說洛浦陽台，謾將比並無因。半含嬌態，逶迤緩步出閨門。搔頭重慵憊不插。只把同心，千遍捻弄，來往中庭。應是降王母仙宮，凡間略現容真。

「及時衣著、梳頭京樣」，妝束時尚自然首先在楊貴妃與其姊妹身上體現。當時專供楊貴妃宮院織錦刺繡的工人就有七百人，從事雕刻製造者又有數百人。揚州、益州、嶺南等地的刺史紛紛尋覓良工，製作奇巧新樣衣裝奉獻貴妃以求升官。楊氏一門榮耀，兄弟姊妹五家，每年十月扈從玄宗前往華清宮，途中每家各成一隊，著一色衣，照映如百花煥發，遺落一路花光香雨。

又有杜甫〈麗人行〉所述，楊貴妃姐妹虢國夫人、秦國夫人的衣裙上更以金銀線重重刺繡孔雀與麒麟，配以各種珠翠首飾：

三月三日天氣新，長安水邊多麗人。
態濃意遠淑且真，肌理細膩骨肉勻。
繡羅衣裳照暮春，蹙金孔雀銀麒麟。
頭上何所有？翠微㔩葉垂鬢唇。
背後何所見？珠壓腰衱穩稱身。
就中雲幕椒房親，賜名大國虢與秦。

貴族女性裙腰與身際垂掛的飾品
宗女李倕墓出土／唐開元二十四年（736年）

「能調絲竹，善別宮商」，也有繪畫可供參看。如陝西長安縣南里王村唐墓一組美人屏風，中央兩屏有兩人對坐，一人翹腳坐於樹下，當胸橫抱琵琶撥彈；一人執扇聽樂。其餘數個美人、侍兒似正聽聞樂聲，緩緩向奏樂者行來。這座墓葬年代未

①裝在琵琶、阮咸等樂器表面、弦的下方，用以捍護撥子的裝飾面。

▼
美人屏風壁畫
陝西長安縣南里王村唐墓出土／約盛唐開元年間

詳，但畫中美人妝束是開元中期的流行式樣。

時代稍晚的，在日本奈良正倉院藏一件螺鈿紫檀阮咸的捍撥①上，也有一幅「花下奏樂圖」，四人圍坐在盛放的花樹之下，其中一美人摘阮奏樂，三人側耳傾聽，幾人的身量都要比前例豐腴得多。藉此情景，也能覷得幾分天寶初年唐宮的風流。

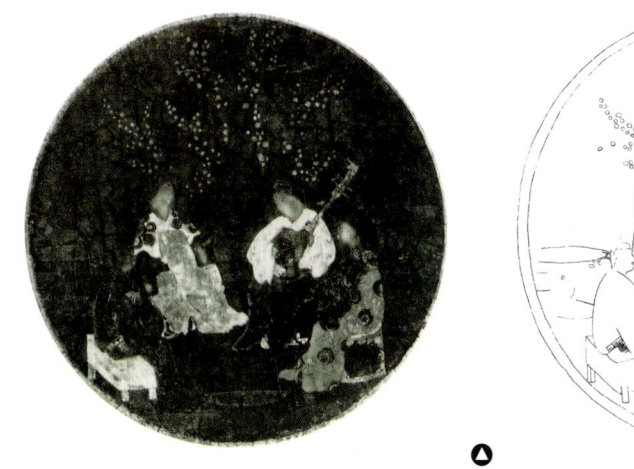

▲
花下奏樂圖
約盛唐天寶同時期，紫檀螺鈿阮咸捍撥彩繪
日本奈良正倉院藏

第一篇 綺羅 | 073

唐玄宗天寶初年女性妝束形象

參考同時期壁畫陶俑形象、敦煌曲子詞〈內家嬌〉所記楊貴妃形象繪製。

髮式妝容：頭戴義髻，面繪濃眉，貼翠鈿、翠靨，作酒暈妝。

服飾：上著團花紋桃紅衫子，下著團花紋黃裙，披皂羅帔子。

天寶年間（746~756年）

在隨後的天寶年間，風靡長安的妝束時尚，在一味追求闊大寬鬆的開元末式樣基礎上又有所演進，眾貴婦以種種巧思使衣妝的細節更加精巧。

在原本的典雅嫻靜之外，是基於楊貴妃得寵時在宮中引領的諸般韻事做出的種種巧妙變易：髮式除了楊貴妃喜愛的高大義髻，又有將小髻偏梳於一側的「鬓子」①。天寶初年女性追求誇張的闊眉濃妝，楊貴妃用色如桃花的紅粉塗面，夏日裡流出的汗水，也因和入脂粉變得紅膩多香②。這類濃妝到天寶後期，逐漸被更為溫柔的「芙蓉如面柳如眉」③所取代；更有所謂「白妝黑眉」④的妝樣；宮中嬪妃還創制了施素粉於兩頰的啼妝⑤。

當時的女衣雖袖根依然寬鬆，袖口卻略有收小，衣襟也裁得短窄⑥；衣裙色彩以楊貴妃喜愛的紫、黃最為時興；高束胸間的長裙瀉下，裙腳以小頭鞋履勾起。白居易〈上陽白髮人〉稱「小頭鞋履窄衣裳，青黛點眉眉細長。外人不見見應笑，天寶末年時世妝」，可知這般風尚一直持續到天寶末年。

穠麗之容與豐豔之軀，往往要用輕薄如雲煙的紗羅來襯。李白的〈清平調〉中描繪楊貴妃妝束，是「雲想衣裳花想容，春風拂檻露華濃。若非群玉山頭見，會向瑤台月下逢」。楊貴妃也曾親為善舞〈霓裳羽衣〉的舞伎張雲容作詩一首，形容她的衣裝「羅袖動香香不已，紅蕖裊裊秋煙裡。輕雲嶺上乍搖風，嫩柳池邊初拂水」。

唐人李冗《獨異志》中記有這樣一則故事：「玄

---

① 《中華古今注》：「太真偏梳鬓子，作啼妝。」

② 《開元天寶遺事·紅汗》：「貴妃每至夏月，常衣輕綃，使侍兒交扇鼓風，猶不解其熱。每有汗出，紅膩而多香。或拭之於巾帕之上，其色如桃花也。」

③ 白居易，〈長恨歌〉。

④ 《中華古今注》。

⑤ 《開元天寶遺事·淚妝》：「宮中嬪妃輩，施素粉於兩頰，相號為淚妝。識者以為不祥，後有祿山之亂。」

⑥ 姚汝能，《安祿山事跡》：「天寶初……婦人則簪步搖，衩衣之制度，衿袖窄小。」

宗偶與寧王博，召太真妃立觀，俄而風冒妃帔，覆樂人賀懷智巾幘，香氣馥郁不減。後幸蜀歸，懷智以其巾進於上，上執之潸然而淚，曰：『此吾在位時，西國有獻香三丸，賜太真，謂之瑞龍腦。』」①

在盛唐的某年夏日，玄宗與寧王的一次對弈中，冷冽的異國之香藉著貴妃那因風偶然拂起的領巾，留駐在一側樂人賀懷智的頭巾之上，甚至多年後玄宗還能以這頂頭巾所留的餘香思人。風可將領巾吹起，它自是以輕薄的紗羅製成。阿斯塔那唐墓出土、繪於天寶初年的觀棋仕女屏風絹畫②，畫中女子肩上搭著的均是透明的長帔，兩相對照，情景了然。

這般流行直到安史之亂的戰火將長安城吞噬，在馬嵬坡的一片淒涼中，「義髻拋河裡，黃裙逐水流」③，嶺上輕雲已為風吹散，池畔嫩柳已為人攀折，傾國美人帶著大唐盛世付諸冥冥。

①這個故事在段成式《西陽雜俎》中有更為詳細的記載。見《西陽雜俎》卷一：「天寶末，交趾貢龍腦，如蟬蠶形。波斯言老龍腦樹節方有，禁中呼為瑞龍腦。上唯賜貴妃十枚，香氣徹十餘步。上夏日嘗與親王棋，令賀懷智獨彈琵琶，貴妃立於局前觀之。上數子將輸，貴妃放康國猧子於坐側，猧子乃上局，局子亂，上大悅。時風吹貴妃領巾於賀懷智巾上，良久，回身方落。賀懷智歸，覺滿身香氣非常，乃卸幞頭貯於錦囊中。及二皇復宮闕，追思貴妃不已，懷智乃進所貯幞頭，具奏他日事。上皇發囊，泣曰：『此瑞龍腦香也。』」

②該組屏風出土於新疆吐魯番阿斯塔那187號墓，墓中同有天寶三載（744年）紀年文書。
金維諾，衛邊，〈唐代西州墓中的絹畫〉[J]，《文物》，1975，(10)。

③《新唐書‧五行志》：「楊貴妃常以假髻為首飾，而好服黃裙。近服妖也。時人為之語曰：『義髻拋河裡，黃裙逐水流。』」

天寶年間女性形象
美人絹畫屏風，新疆吐魯番阿斯塔那187號墓
約唐玄宗天寶三載（744年）前後，本書作者補繪

▲

天寶年間女性形象

張思九夫人胡氏墓壁畫／唐天寶六年（747年）

西安市文物保護考古研究院，〈西安韓森寨唐張思九夫人胡氏壁畫墓發掘簡報〉[J]，《中原文物》，2021，(3)。

▼

天寶年間女性形象

鳥毛立女屏風局部／約盛唐天寶同時期

日本奈良正倉院藏

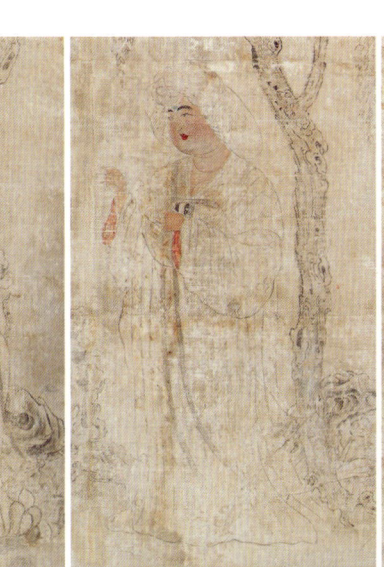

第一篇　綺羅 | 077

天寶年間女性形象

蘇思勖墓壁畫／唐天寶四載（745年）

陝西歷史博物館，《唐墓壁畫珍品》[M]，西安：三秦出版社，2011：123。

天寶年間女性形象

王賢妃墓石槨線刻／唐玄宗天寶五載（746年）

本書作者自拓片取樣

天寶年間女性形象

吳守忠墓女俑／唐玄宗天寶七載（748年）

東京國立博物館，《中國陶俑之美》[M]，東京：朝日新聞社，1984。

唐玄宗天寶中期女性妝束形象

參考同時期陶俑形象組合繪製。

髮式妝容：頭梳偏梳髻，面貼翠鈿。

服飾：上著團花紋綠衫子，下著折枝花紋紅裙，披素羅帔子。

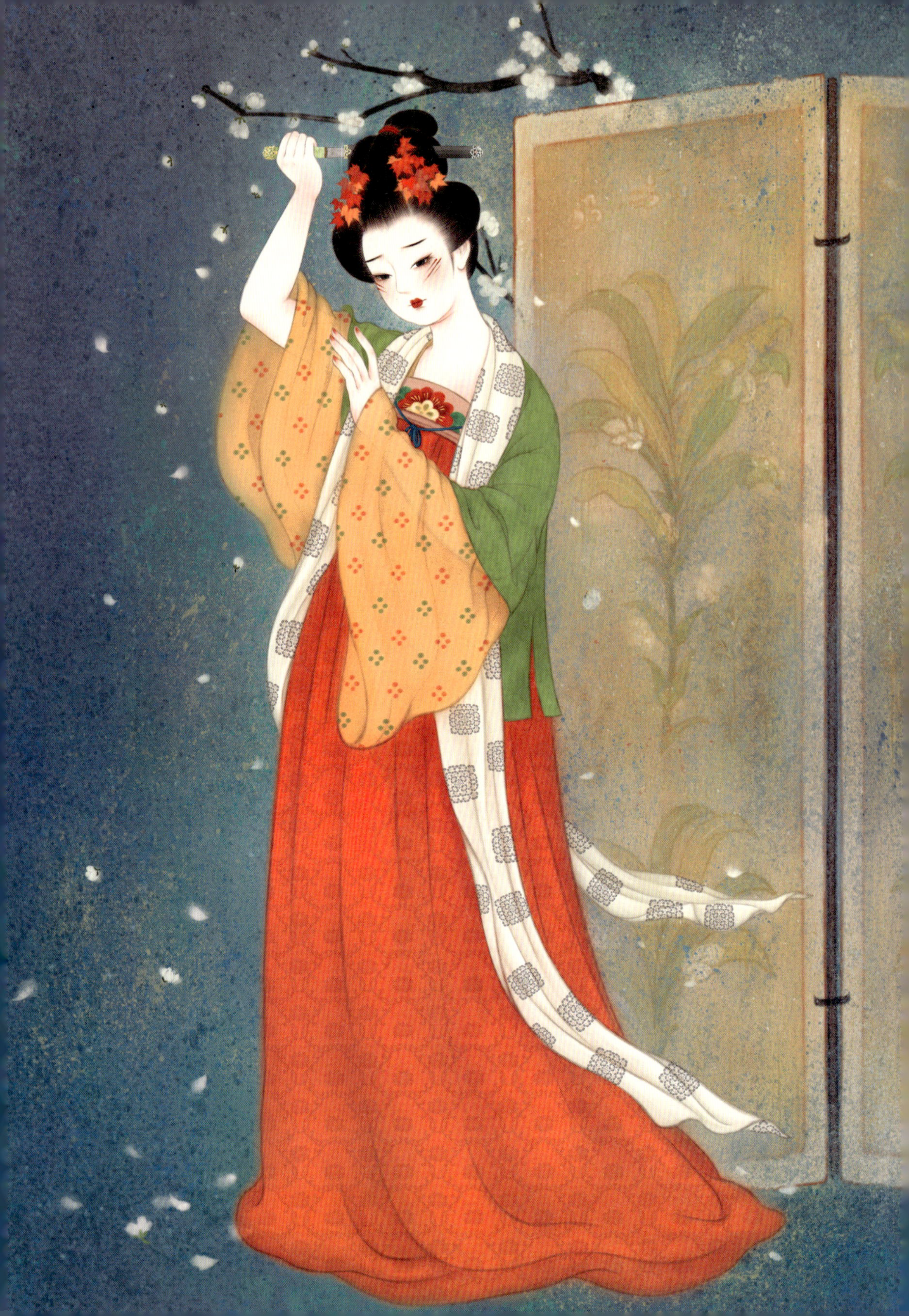

聶隱娘者，貞元中魏博大將聶鋒之女也。年方十歲，有尼乞食於鋒舍，見隱娘，悅之，云：「問押衙乞取此女教。」鋒大怒，叱尼。尼曰：「任押衙鐵櫃中盛，亦須偷去矣。」及夜，果失隱娘所向……後五年，尼送隱娘歸。告鋒曰：「教已成矣，子卻領取。」尼欻亦不見。一家悲喜。問其所習……尼曰：「吾為汝開腦後，藏匕首而無所傷。用即抽之。」曰：「汝術已成，可歸家。」遂送還。

——裴鉶《傳奇》

◀ 隱娘抽刃

中唐　衣到元和體變新

安史之亂過後，唐朝國力大損，盛極而衰，內有藩鎮割據、宦官專權、民變兵變迭起，外有吐蕃回鶻入侵。因唐人排胡情緒高漲，世風逐漸臻於保守，女子妝束也逐漸由大膽熱烈、以「北朝式」或「胡式」緊窄式樣為主流的狀態，轉而向嫻雅寬博雍容的「南朝化」或「漢式」風格發展。

「大抵天寶之風尚黨，大曆之風尚浮，貞元之風尚蕩，元和之風尚怪也」[1]，這是時人李肇對盛唐以來歷朝文壇的形容，藉以描述女性妝束風尚演變，也恰好合適。

經過戰亂後數十年的醞釀，終於自唐德宗貞元末年開始，女性妝束時尚迸發出絲毫不遜盛唐、甚至猶有過之的華麗色彩與式樣。

這段時間女性的妝束時尚，也可借用文學史上名詩人輩出、唐詩大放光彩的「元和時期風格」來形容概括，但並不局限於唐憲宗元和一朝，而是起自德宗貞元後期，經憲宗元和至穆宗長慶年間，前後歷時數十年，其中以憲宗元和時代最具代表性。

[1]《唐國史補》。

中唐前期女性形象

貝國夫人墓壁畫／唐代宗大曆九年（774年）

陝西省考古研究院，《壁上丹青：陝西出土壁畫集》[M]，北京：科學出版社，2009。

尚怪的「元和風格」在文學史上已研究者眾，卻因有華麗的盛唐時期珠玉在前，往往被服裝史研究者忽略。實際上，一眾愛新趨奇的元和式美人，並沒有固守在盛唐那只堪夢尋的背影裡，而是另闢蹊徑，創制出多種新樣衣妝。

🌸 代宗大曆（757~779年）

在中唐的前幾十年，女性妝束風格變化還不算多，但南朝式浮華風雅的傳統，在代宗一朝已悄然復興。流行時裝在細節上有所演進：自盛唐天寶年間以來，女子流行將鬢髮虛梳出邊稜，再攏至頭頂挽成各式髮髻，這類做法在中唐愈加誇張，演變出片狀的兩鬢凌伸於臉畔；面妝花鈿也摒棄了抽象化圖紋，轉而使用寫實的花草形狀。

考古發掘中，這段時期的繪畫、雕塑形象都較為零散。然而，對照這些考古資料，可將數卷傳世的唐朝仕女畫作（或其母本）的繪製年代定位於當時，包括據稱為活躍於盛唐開元天寶年間的畫家張萱所繪的《搗練圖》，以及活躍於中唐代宗至德宗時期（762~805年）的畫家周昉所繪的《內人雙陸圖》等。

這些畫作傳世千餘年，或又經後世臨摹，疑點頗多；而各紀年墓葬中出土女俑的髮式，則為名畫斷代提供了蛛絲馬跡——傳說由楊貴妃創制的髻式「偏梳髻子」，在天寶年間流行的搭配是兩鬢蓬鬆隆起、後髮垂頸再上挽的髮式。到了安史之亂後，

▲

中唐前期女性形象

唐安公主墓壁畫／唐德宗興元元年（784年）

陝西歷史博物館，《唐墓壁畫珍品》[M]，西安：三秦出版社，2011。

則流行以此搭配片狀鬢髮、緊攏後髮的式樣。

當時女子衣裙式樣也和天寶末年流行的「小頭鞋履窄衣裳」不同，呈現出向寬鬆化發展的趨勢。

▼
中唐前期女性形象
西安博物院藏女俑

唐代宗大曆年間女性妝束形象

參考同時期陶俑形象組合繪製。

髮式妝容：頭梳蟬鬢、偏梳髻。

服飾：上著粉紅衫子，下著綠裙，肩披折枝花纈紋赤黃帔子。

第一篇 綺羅 | 085

▲

中唐前期女性形象

敦煌莫高窟藏經洞出土絹畫,英國大英博物館藏

▲

中唐前期女性形象

(傳・宋摹本)張萱《搗練圖》,美國波士頓美術館藏

中唐前期女性形象

（傳）周昉《內人雙陸圖》，美國弗利爾美術館藏

◆ 德宗貞元（785~805年）

自中唐代宗朝以來，女子的髮式逐漸繁複化，出現了髮鬟如叢立在頭頂的式樣，搭配的衣式也日益變得寬博。

在時人沈亞之為愛妾盧金蘭所寫的墓誌中，記錄有貞元年間少女盧金蘭在長安學舞時的妝束：「歲餘，為〈綠腰〉、〈玉樹〉之舞，故衣制大袂長裾，作新眉愁鬟，頂髻為娥叢小鬟。」[1]她特製了大袖長裾的衣式，畫眉若愁啼狀，鬟上梳起數叢小鬟。元稹在〈夢遊春七十韻〉中回憶戀人崔鶯鶯的模樣，則是：「叢梳百葉髻（時勢頭），金蹙重台屨（踏殿樣）。紕軟鈿頭裙（瑟瑟色），玲瓏合歡袴（夾纈名）。」[2]

[1]沈亞之，《盧金蘭墓誌銘》。

[2]括號內為原詩自注。

中唐女供養人像
敦煌莫高窟四六八窟壁畫
中國敦煌壁畫全集編輯委員會，《中國敦煌壁畫全集・7・中唐卷》[M]，天津：天津人民美術出版社，2006。

①另有傳為周昉畫作的《簪花仕女圖》（遼寧省博物館藏），但該畫作中女子妝束迥異於唐，絕非唐畫，因此本處暫不論述。詳見本書第二篇〈琳琅〉一節中的《簪花仕女圖之謎》。

▼

中唐女供養人像
敦煌莫高窟一五九窟壁畫
中國敦煌壁畫全集編輯委員會，《中國敦煌壁畫全集·7·中唐卷》[M]，天津：天津人民美術出版社，2006。

髮上可層層插戴小梳，如王建〈宮詞〉：「玉蟬金雀三層插，翠髻高叢綠鬢虛。舞處春風吹落地，歸來別賜一頭梳。」

又有元稹作於貞元十六年（800年）的〈恨妝成〉：「曉日穿隙明，開帷理妝點。傅粉貴重重，施朱憐冉冉。柔鬟背額垂，叢鬢隨釵斂。凝翠暈蛾眉，輕紅拂花臉。滿頭行小梳，當面施圓靨。最恨落花時，妝成獨披掩。」

到了唐德宗貞元末年，長安城中開始流行新的妝束：墮馬髻與啼眉妝。女子面上淡暈粉妝，細眉淺淺畫作八字形，若皺眉欲啼的模樣；原本斜在頭頂梳作團狀的髮髻，變為向外傾斜墮下的垂鬟。

在傳世的唐代仕女畫作中，託名周昉所繪的《揮扇仕女圖》、《調琴啜茗圖》等，大約處於這一時期①。

有了同時期文物與這些唐畫作參照，可進一步知曉後世所謂張萱《虢國夫人遊春圖》、唐人無款《宮樂圖》大約也繪製於此時。其中《虢國夫人遊春圖》中女子所穿裙式，在新疆阿斯塔那唐墓竟發現類似實物：一腰絹裙在身前正中壓一道「裙門」，進而向裙門左右壓褶；裙頭還加縫有在胸前凸起的弧形裙腰，似兼作胸衣之用。

白居易在「憶在貞元歲」的〈代書詩一百韻寄微之〉中寫道：「粉黛凝春態，金鈿耀水嬉。風流誇墮髻，時世鬥啼眉。」又有他在長安所作的〈和夢遊春詩一百韻〉，細緻摹寫了與之搭配的服飾形象：「風流薄梳洗，時世寬妝束。袖軟異文綾，裾輕單絲縠，裙腰銀線壓，梳掌金筐蹙。帶襭紫蒲萄，袴花紅石竹。凝情都未語，付意微相矚。眉斂遠山青，鬟低片雲綠。」

▼
絹裙及穿著示意
新疆吐魯番阿斯塔那唐墓出土原件僅殘剩裙腰與部分裙身，裙長不明。
本書作者補繪

唐德宗貞元年間女性妝束形象

參考同時期敦煌壁畫女供養人形象繪製。

髮式妝容：頭梳蟬鬢、叢髻，面繪花鈿。

服飾：上著花縉肉色衫子，下著海波紋青裙，肩披素紗帔子。

⬤ **貞元年間女性形象**
（傳）周昉《揮扇仕女圖》，北京故宮博物院藏

⬤ **貞元年間女性形象**
（傳）周昉《調琴啜茗圖》，美國納爾遜・艾金斯藝術博物館藏

第一篇　綺羅 | 093

貞元年間女性形象

宋摹《虢國夫人遊春圖》，遼寧省博物館藏

貞元年間女性形象
唐人《宮樂圖》，台北故宮博物院藏

大曆年間偏梳髻髮式

貞元年間墮馬髻髮式

唐德宗貞元後期女性妝束形象

參考同時期陶俑與繪畫形象、詩文記載繪製。

髮式妝容：頭梳蟬鬢、墮馬髻。

服飾：上著緋紅衫子，下著綠裙，肩披紫帔子。

✤ 憲宗元和（806~820年）

貞元年間輕巧垂鬟式的墮馬髻，在元和年間演變為誇張高起、重疊繁複的假髮覆蓋於頭頂，在當時大約名為「鬧掃」。由唐張氏女〈夢王尚書口授吟〉中「鬟梳鬧掃學宮妝」一句推測，這樣的式樣大概自宮中流行開來。

白居易在〈江南喜逢蕭九徹，因話長安舊遊〉中，憶起元和時平康坊美人的時興妝束：「時世高梳髻，風流澹作妝。戴花紅石竹，帔暈紫檳榔。鬢動懸蟬翼，釵垂小鳳行。拂胸輕粉絮，暖手小香囊。」

女子面上作淡薄妝容，卻搭配誇張的高髻低鬟與色澤穠豔、式樣寬博的衣裙。這樣近於病態的「怪豔」不符傳統審美標準，有感於時風，元稹在元和七年（812年）的〈敘詩寄樂天書〉中提到：「近世婦人，暈淡眉目，綰約頭鬢，衣服修廣之度，及匹配色澤，尤劇怪豔，因為豔詩百餘首。」

然而元稹視作怪豔的妝束時尚仍勢頭不減，這時他只好作〈有所教〉詩一首，試圖親自教女性化妝：「莫畫長眉畫短眉，斜紅傷豎莫傷垂。人人總解爭時勢，都大須看各自宜。」雖然人們都爭相追逐時尚，但也要看自己適宜何種妝飾。

到了元和末年，女性髮式與妝容更誇張出格。如白居易為「儆戎也」而作的〈時世妝〉中所述：「時世妝，時世妝，出自城中傳四方。時世流行無遠近，腮不施朱面無粉。烏膏注唇唇似泥，雙眉畫作八字低。妍媸黑白失本態，妝成盡似含悲啼。圓鬟無鬢椎髻樣，斜紅不暈赭面狀。昔聞被髮伊川

▲
元和年間女性形象
西安紫薇田園小區唐墓女俑
劉呆運、李明，〈唐朝美女的化妝術〉[J]，《文明》，2004，(4)。

◀

唐憲宗元和年間女性妝束形象

參考同時期女俑形象、詩文記載繪製。

髮式妝容：頭梳椎髻圓鬟，面不施朱粉，畫啼眉，烏膏注唇。

服飾：上著闊袖綠衫子，下著團花長裙，肩披檳榔染紫纈帔子。

▲

元和年間女性形象

北京故宮博物院藏女俑

故宮博物院，《故宮博物院藏品大系・雕塑編3・隋唐俑及明器模型》[M]，北京：紫禁城出版社，2011。

098 | 大唐女子時尚圖鑑

中,辛有見之知有戎。元和妝梳君記取,髻椎面赭非華風。」

以史證詩,《新唐書·五行志》也有相似記載:「元和末,婦人為圓鬟椎髻,不設鬢飾,不施朱粉,惟以烏膏注唇,狀似悲啼者。圓鬟者,上不自樹也,悲啼者,憂恤象也。」女子臉上不施朱粉,全然素面朝天,只是塗烏色唇、畫八字低眉;兩鬢垂如角,不設首飾,額頂高梳起尖長的椎髻,其後攏作圓鬟。

穆宗長慶（821~824年）

穆宗長慶年間,奢侈之風更甚。女子髮上重回滿插小梳及各式首飾的狀態。宋代王讜《唐語林·補遺二》記載了這種誇張風氣:「長慶中,京城婦人首飾,有以金碧珠翠,笄櫛步搖,無不具美,謂之『百不知』。」這時長安的時尚,是將簪、梳、步搖裝飾各種珍貴的金碧珠翠寶石。這類「百不知」首飾風格,見於洛陽伊川鴉嶺長慶四年（824年）成德軍節度使王承宗之母——齊國太夫人吳氏墓,墓中出土有各種金筐嵌寶石的步搖飾件。類似的實物竟也可在異域覓得——韓國三星博物館藏一把新羅王國時期（大致與唐同時）的金筐嵌碧玉龜甲梳,梳背上所掛諸般步搖飾物與齊國太夫人的步搖構件極為相似。新羅女性所用首飾竟與唐同制,足見當時「百不知」風尚之盛。

同時女性妝容也更奇異,《唐語林》中記載:

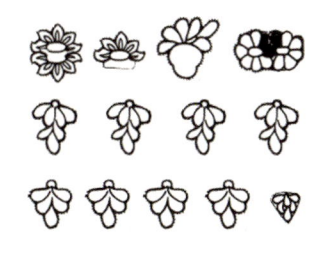

「百不知」式步搖飾件
齊國太夫人墓出土／唐穆宗長慶四年（824年）

洛陽市第二文物工作隊,〈伊川縣鴉嶺鎮唐齊國太夫人墓〉[J],《文物》,1995,(11)。

「婦人去眉，以丹紫三四橫，約於目上下，謂之『血暈妝』。」即剃去眉毛，在眼睛上下畫出三、四道紅紫色長痕，如凝滯的瘀血般。這類妝容見於時代稍晚的河南安陽太和三年（829年）趙逸公墓壁畫；畫中女子高梳椎髻、後垂髮鬢，一排小梳在椎髻上層層插起，雙眼上下分別畫有二、三道紫紅長痕。

當時詩人溫庭筠（字飛卿）有位淪落風塵的紅粉知己名喚柔卿，其友人段成式為此寫有組詩〈嘲飛卿七首〉調笑，其中細細描寫柔卿形象：「曾見當壚一個人，入時裝束好腰身。少年花蒂多芳思，只向詩中寫取真。醉袂幾侵魚子纈，飄纓長冒鳳凰釵。知君欲作閒情賦，應願將身作錦鞋。翠蝶密偎金叉首，青蟲危泊玉釵梁。愁生半額不開靨，只為多情團扇郎。」柔卿頭飾翠蝶金釵、青蟲玉釵、步搖鳳凰釵等繁複首飾，面妝作愁眉若啼，身著魚子纈衣，足踏錦鞋，正是長慶時期的入時妝束。

「百不知」式插梳
韓國三星博物館藏

長慶風格女性形象
河南安陽趙逸公墓壁畫／唐文宗太和三年（829年）
安陽市文物考古研究所，〈河南安陽市北關唐代壁畫墓發掘簡報〉[J]，《考古》，2013，(1)。

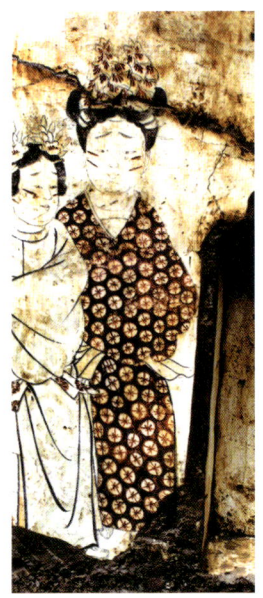

▶

唐穆宗長慶年間女性妝束形象

參考同時期壁畫與段成式〈嘲飛卿七首〉中所記柔卿形象繪製。

髮式妝容：頭梳椎髻、叢鬢，飾「百不知」首飾；畫啼眉，額貼蝶鈿，作血暈妝，烏膏注唇。

服飾：上著魚子深紅縐衫子，下著紫裙，肩披彩夾纈帔子。

文宗太和（827～835年）

唐文宗即位之初，對全國各地車服式樣逾制且奢靡的風氣大感厭惡，因此決定自上而下地推行節儉之風。

相關制度首先在皇室推行。文宗於太和二年（828年）五月庚子下詔：「應諸道進奉內庫，四節及降誕進奉金花銀器並纂組、文縠、雜物，並折充鋌銀及綾絹。其中有賜與所須，待五年後續有進止。」[1]

這時恰有文宗姑母漢陽公主入見。公主生性簡樸，於貞元年間下嫁，直到三十年後的文宗朝，仍維持舊樣衣式不改。這一身貞元風格的古舊妝束令文宗大為感慨[2]，於是他於同年丁巳向諸位公主傳旨，命她們以漢陽公主貞元年間風格的衣制廣狹為藍本進行效仿。一方面，文宗對繁複首飾加以限制，「今後每遇對日，不得廣插釵梳」；另一方面，寬慰她們不必如漢陽公主那般太過節儉，「不須著短窄衣服」。[3]

[1][3]《舊唐書·文宗紀上》。

[2]《新唐書·漢陽公主傳》：「文宗尤惡世流侈，因主入，問曰：『姑所服，何年法也？今之弊，何代而然？』對曰：『妾自貞元時辭宮，所服皆當時賜，未嘗敢變。元和後，數用兵，悉出禁藏纖麗物賞戰士，由是散於人間，內外相矜，怛以成風。若陛下示所好於下，誰敢不變？』帝悅，詔宮人視主衣制廣狹，遍諭諸主，且敕京兆尹禁切浮靡。」

▼

廣插釵梳、大袖長裙的女性
陝西西安唐劉弘規家族墓壁畫
陝西考古博物館藏

① 《舊唐書·文宗紀上》。

接著制度推廣到官員與貴戚，「（太和三年九月）辛巳，敕兩軍、諸司、內官不得著紗縠綾羅等衣服」、「（十一月甲申）四方不得以新樣織成非常之物為獻，機杼纖麗若花絲布繚綾之類，並宜禁斷。敕到一月，機杼一切焚棄」。①

到了太和六年（832年）六月戊寅，文宗命時任尚書左僕射的王涯整理車服制度。王涯在擬定制度的奏文中，甚至專門針對女性妝束列出了若干規定——原來這時女服的奇特程度，較先前有過之而無不及。

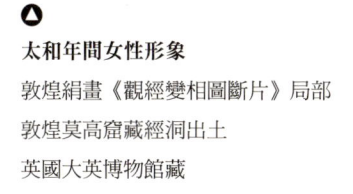

▲
太和年間女性形象
敦煌絹畫《觀經變相圖斷片》局部
敦煌莫高窟藏經洞出土
英國大英博物館藏

▲
太和年間女性形象
日本奈良高山寺《十五鬼神圖卷》局部
奈良國立博物館，《女性與佛教》[M]，奈良：奈良國立博物館，2003。

太和年間女性形象

陝西西安韓家灣唐墓壁畫

陝西省考古研究院，《西安長安區韓家灣墓地發掘報告》[M]，西安：三秦出版社，2018。

對照陝西韓家灣晚唐墓壁畫形象可看出，這時期貴族女性的髮型是「高鬟危髻」，即高大的鬟髻以簪釵挑起直豎頭頂，鬢髮分成兩重，用長簪長釵在臉畔撐開。面上則是「去眉、開額」的狀態，也就是把本來的真眉毛剃去，又剃開額前的頭髮讓髮際線上移，使額頭變得寬廣。

過去長慶年間的血暈妝已然過時，此時妝飾的重點是在寬廣額頭上另行描上濃黑的八字眉妝，如徐凝〈宮中曲〉所述，一位傾城美人拋卻曾經入宮侍宴時面上仿若霞暈的舊妝，轉而畫起黑煙眉，引得六宮效仿：「披香侍宴插山花，厭著龍綃著越紗。恃賴傾城人不及，檀妝唯約數條霞。身輕入寵盡恩私，腰細偏能舞柘枝。一日新妝拋舊樣，六宮爭畫黑煙眉。」

① 《准敕詳度諸司制度條件奏》，以《冊府元龜·帝王部·立制度二》所記最詳。

　　貴家姬妾紛紛穿著極為寬博的衣裙，大袖寬達三、四尺，長裙曳地四尺餘，且多用紗及綾羅為衣料，以紋纈工藝做紋樣。為了便於在長裙曳地的情況下行走，裙下多是江南地區所產編織精細的高頭草履。

　　正是這時，溫庭筠為紅粉知己柔卿贖身解籍，段成式再度取笑，作〈柔卿解籍戲呈飛卿〉三首，其中描繪的柔卿已然是一身太和年間的時裝：「最宜全幅碧鮫綃，自襞春羅等舞腰。未有長錢求鄴錦，且令裁取一團嬌。出意挑鬟一尺長，金為鈿鳥簇釵梁。鬱金種得花茸細，添入春衫領裡香。」

　　另有一位與柔卿同為風塵姊妹的阿真，此時為官員高侍御所贖，段成式亦作〈戲高侍御〉調笑：「百媚城中一個人，紫羅垂手見精神。青琴仙子長教示，自小來來號阿真。七尺髮猶三角梳，玳牛獨駕長檐車……自等腰身尺六強，兩重危鬟盡釵長……厭裁魚子深紅纈，泥覓蜻蜓淺碧綾。」詩中一番形容，恰與韓家灣唐墓壁畫所繪吻合。

　　針對這種誇張、奇特且奢侈的女性時尚現狀，文宗接受了王涯所擬具的相關規定，並且下令在全國實行①：

　　婦人制裙，不得闊五幅已上，裙條曳地不得長三寸已上，襦袖等不得廣一尺五寸已上。婦人高髻險妝，去眉開額，甚乖風俗，頗壞常儀；費用金銀，過為首飾，並請禁斷。其妝梳釵篦等，請勒依貞元中舊制，仍請敕下後，諸司及州府榜示，限一月內改革。又吳越之間，織造高頭草履，織如綾縠，前代所無，費日害功，頗為奢巧，伏請委所在長吏，當日切加禁

▶

唐文宗太和年間女性妝束形象

參考同時期壁畫形象與段成式〈柔卿解籍戲呈飛卿〉、〈戲高侍御〉詩中所記女性形象繪製。

髮式妝容：頭梳高鬟、兩重危鬟，廣插釵梳（首飾比例參考壁畫在出土首飾實物基礎上有所放大）；畫黑煙眉，烏膏注唇。

服飾：上著蜻蜓紋淺碧春羅衫子，下著一團嬌紋鬱金色綾裙，肩披春水綠羅帔子。

① 《舊唐書‧鄭覃傳》：「帝曰：『此事亦難戶曉，但去其泰甚，自以儉德化之。朕聞前時內庫唯二錦袍，飾以金鳥，一袍玄宗幸溫湯御之，一即與貴妃。當時貴重如此，如今奢靡，豈復貴之？料今富家往往皆有。左衛副使張元昌便用金唾壺，昨因李訓已誅之矣。』」

② 《冊府元龜‧帝王部》：「帝思節儉化天下，衣服咸有制度，左右親幸莫敢逾越，延安公主衣裙寬大，即時遣歸，駙馬都尉竇澣待罪，敕曰：公主入參，衣服逾制，從夫之義，過有所歸，竇澣宜奪兩月賜錢。」

③ 《冊府元龜‧牧守部‧威嚴革弊》。

④ 陳陶，〈西川座上聽金五雲唱歌〉。

絕。其諸彩帛縵或高頭履，及平頭小花草履，既任依舊，餘請依所司條流。

　　隨著制度推行，此後有民間「風俗已移」、「長裾大袂，漸以減損」的說法。然而文宗清楚，民間是陽奉陰違，皇族貴戚們仍侈靡者眾。他只能「去其泰甚」，即把太奢侈的去掉，「以儉德化之」①。

　　開成四年（839年）正月十五之夜，文宗在咸泰殿觀燈作樂，三宮太后及諸公主一同赴宴。因見延安公主的衣裙過於寬大，文宗即時將她斥退，稱公主的衣服逾制，扣駙馬竇澣兩月賜錢作為懲罰②。

　　大約是看到皇帝竟然只因公主衣裙過於寬大就加以懲罰，的確是要厲行節約，於是在該年二月，淮南節度使李德裕特地向文宗進奏，稱當地女裝過於寬大，不利節儉，自己下令制約：「比以婦人，長裾大袖，朝廷制度，尚未頒行，微臣之分，合副天心。比閭閻之間，袖闊四尺，今令闊一尺五寸；裙曳四尺，今令曳五寸。事關釐革，不敢不奏。」③

　　然而，君王一己所倡，卻抵不住當時社會上下的共同嚮往。文宗朝之後，元和風格的奢靡之風再興；晚唐壁畫中有著大量廣插釵梳、大袖長裙的女性形象。甚至直到五代時仍有此風——文人陳陶遊歷至西蜀，在蜀王宴席上聽到名喚金五雲的女子唱歌，五雲自言曾是唐宮嬪御，因戰亂流落民間，輾轉來到西蜀；而她的妝束，在陳陶眼中儼然仍舊是元和樣式：「舊樣釵篦淺淡衣，元和梳洗青黛眉。低叢小鬢膩鬟鬢，碧牙鏤掌山參差。」④

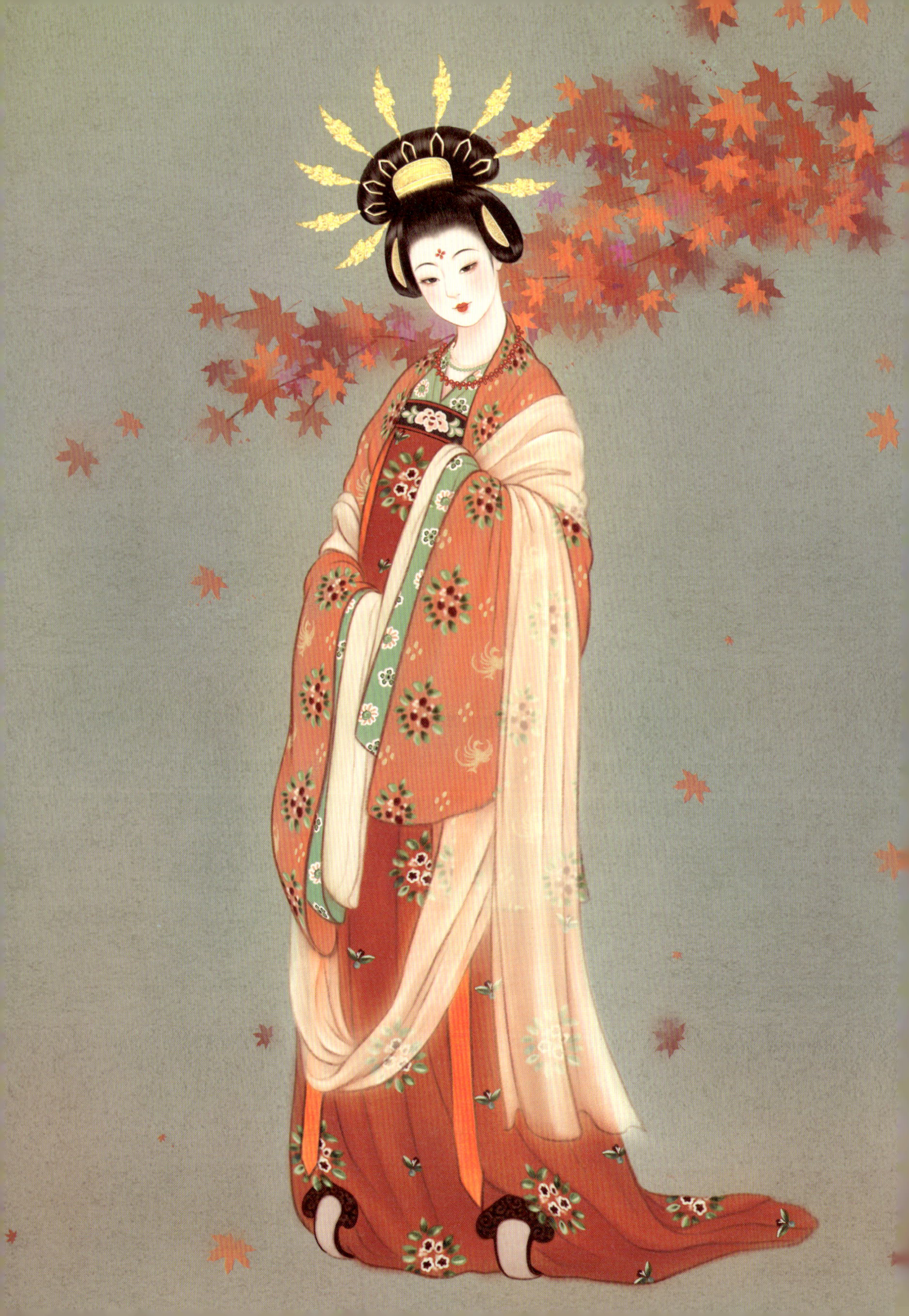

癸亥，以右拾遺韋保衡為銀青光祿大夫、守起居郎、駙馬都尉，尚皇女同昌公主，出降之日，禮儀甚盛……

己酉，同昌公主薨，追贈衛國公主，諡曰文懿。主，郭淑妃所生，主以大中三年七月三日生，咸通九年二月二日下降。上尤鍾念，悲惜異常。以待詔韓宗紹等醫藥不效，殺之，收捕其親族三百餘人，系京兆府。宰相劉瞻、京兆尹溫璋上疏論諫行法太過，上怒，叱出之……

辛酉，葬衛國公主於少陵原。先是，詔百僚為輓歌詞，仍令韋保衡自撰神道碑，京兆尹薛能為外監護，供奉楊復璟為內監護，威儀甚盛，上與郭淑妃御延興門哭送。

——《舊唐書·懿宗本紀》

◀ 同昌盛裝

晚唐五代

憶昔花間相見後

以《花間集》①為代表、穠纖豔婉的詞作風格，興於唐，盛於五代。它原是供歌伎伶人演唱的唱詞選本，收錄晚唐五代間的流行詞作。亡國之音哀以思，頻繁戰亂導致的多少離愁別恨、去國懷鄉，卻只能暫以「落花狼藉酒闌珊」來止痛，將一己潛隱的悲哀織進詞裡婉孌溫柔的綺羅綾絹之中。

於服飾研究而言，《花間集》也成了晚唐五代女性妝束時尚極佳的文字參照。欲要追索詞中提及的種種美人妝束衣物本事，可憑藉同時期考古發掘或傳世的繪畫窺得大概，而法門寺地宮中的考古發現，又使我們有了校諸實物，將詞中畫中物象看得分明的機會。

法門寺地宮中入藏有大量服飾，其中大部分來自晚唐皇室供奉。雖出土時這些絲織物大都糟朽炭化，清理揭展工作進行艱難，但目前紡織考古專家已從地宮出土的衣物包塊中，成功提取出七件貴族女性所用的衣物，包括兩腰長褲、兩腰長裙、一領寬袖短衫、兩件疊穿的長衫；此外又見有薄如蟬

①唐開成元年（836年）至後蜀廣政三年（940年），計十八位作者，五百餘詞作。

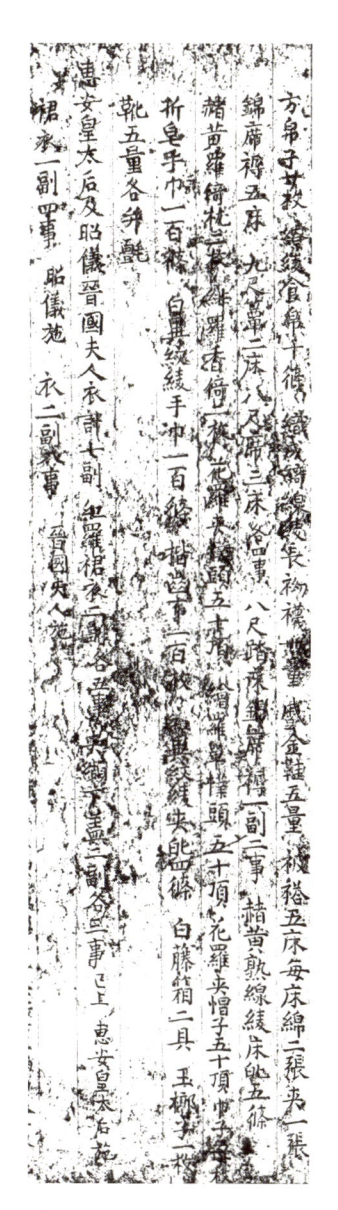

翼的長帔。凡此種種，都可以為花間美人的形象做直觀的注腳。參考法門寺地宮出土的〈隨真身衣物帳〉中記載，當時供奉衣物的宮廷貴婦人有惠安皇太后、昭儀、晉國夫人三人：「惠安皇太后及昭儀、晉國夫人衣計七副：紅羅裙衣各五事，夾纈下蓋各三事，已上惠安皇太后施；裙衣一副四事，昭儀施；衣二副八事，晉國夫人施。」

可知「裙衣一副」（一副即一套），由「四事」（四件）或「五事」（五件）組成。對照包塊中提取出的服飾實物，一套晚唐女裝應包括褲、裙、衫（衫有單件或兩件套穿）、帔，正是四事或五事。

以下便以這部分服飾實物為基礎，結合詞與畫，對晚唐五代女服式樣略作考證。

● 披衫

晚唐五代貴族女性中最為流行的上衣式樣名為「披衫」、「披袍」、「披襖子」。據法門寺地宮〈隨真身衣物帳〉所記，寺中原藏有「蹙金銀線披襖子」，咸通十五年（874年）僖宗供奉衣物中又有「可幅綾披袍五領，紋縠披衫五領」。當時詩人和凝對此類服飾有頗多描寫：

柳色披衫金縷鳳，纖手輕拈紅豆弄，
翠蛾雙斂正含情。
桃花洞，瑤台夢，一片春愁誰與共？

——〈天仙子〉

〈隨真身衣物帳〉拓片局部
法門寺地宮出土

披袍窣地紅宮錦，鶯語時轉輕音。
碧羅冠子穩犀簪，鳳凰雙颭步搖金。
　　　　　　　　——〈臨江仙〉

雲行風靜早秋天，競繞盆池蹋採蓮。
卷畫披袍從窣地，更尋宮柳看鳴蟬。
　　　　　　　　——〈宮詞〉

　　這類衣物的具體式樣應如五代後蜀時人馮鑑在《續事始》中所述：「《實錄》曰：披衫，蓋從褕翟而來，但取其紅紫一色，而無花彩，長與身齊，大袖，下其領，即暑月之服。」

　　披衫是從貴族女性的禮服翟衣演變而來，脫離國家儀式走入了日常生活，其長度等於身長，領口在胸前不作交掩地直垂而下，作為暑熱時節穿用的清涼服裝，採用輕薄而無華彩的織物裁製。

　　披襖或披袍式樣類同於披衫，但材質選用繡羅或彩錦，更為厚重，如馬縞《中華古今注》中所記：「宮人披襖子，蓋袍之遺象也……多以五色繡羅為之，或以錦為之，始有其名。」

　　在已經成功提取的法門寺地宮出土衣物當中，兩件套穿的長衣式樣一致，寬口長袖，衣長及足。在內的一件，使用單層的暗花綾裁製，應即披衫；在外的一件，以盤絛團窠紋綾為面，平紋絹為裡，應即披袍。兩件衣物都在對襟正中加縫繫帶，袖形方正。

　　對照這兩件衣物，還可發現文獻中沒有提到的細節——兩層長衣都在衣身側面留有長長的開衩。這種開衩原是為方便騎馬而設計。

① 《舊五代史・唐莊宗紀》。

魏晉以前的中原地區，人們需將沒有衣衩的外衣下擺掖進後腰，才能開胯乘馬；但北朝、隋唐以來，男子為了乘馬之便，更多採用這種來自西域胡服、身側開衩的「缺胯」式袍服作為日常衣裝。

晚唐貴族女性的日常時裝吸收了這種式樣，只是結合當時女子寬衣長裙的時尚來看，開衩已然脫離了方便乘馬的本意，成為一種單純的裝飾構造。

在奢侈世風的影響之下，披衫時尚愈演愈烈，乃至於在敦煌藏經洞所出的《引路菩薩圖》中，作為供養人的「清信女」身上，都出現了大袖披衫長垂、寬博長裙曳地的形象。

至於中原地區，後唐莊宗甚至不得不於同光二年（924年）下詔，特加管束：「近年已來，婦女服飾，異常寬博，倍費縑綾。有力之家，不計卑賤，悉衣錦繡。宜令所在糾察。」①

▼
《引路菩薩圖》局部
敦煌莫高窟藏經洞出土
（左）法國吉美博物館藏
（右）英國大英博物館藏

第一篇　綺羅 | 113

晚唐女性形象

《南無藥師琉璃光佛》絹畫局部／敦煌莫高窟藏經洞出土

英國大英博物館藏

五代女性形象

《引路菩薩圖》局部／敦煌莫高窟藏經洞出土
英國大英博物館藏

五代女性形象

前蜀周皇后像

成都永陵博物館藏

五代女性形象

閩國王后劉華墓女俑

福建博物院藏

五代女性形象

揚州邗江五代墓女俑

揚州市文物局，韜玉凝暉：《揚州地區博物館
文物精粹》[M]，北京：文物出版社，2015。

五代女性形象

李昇陵女俑

南唐保大元年（943年）或保大四年（948年）

南京博物院藏

◀

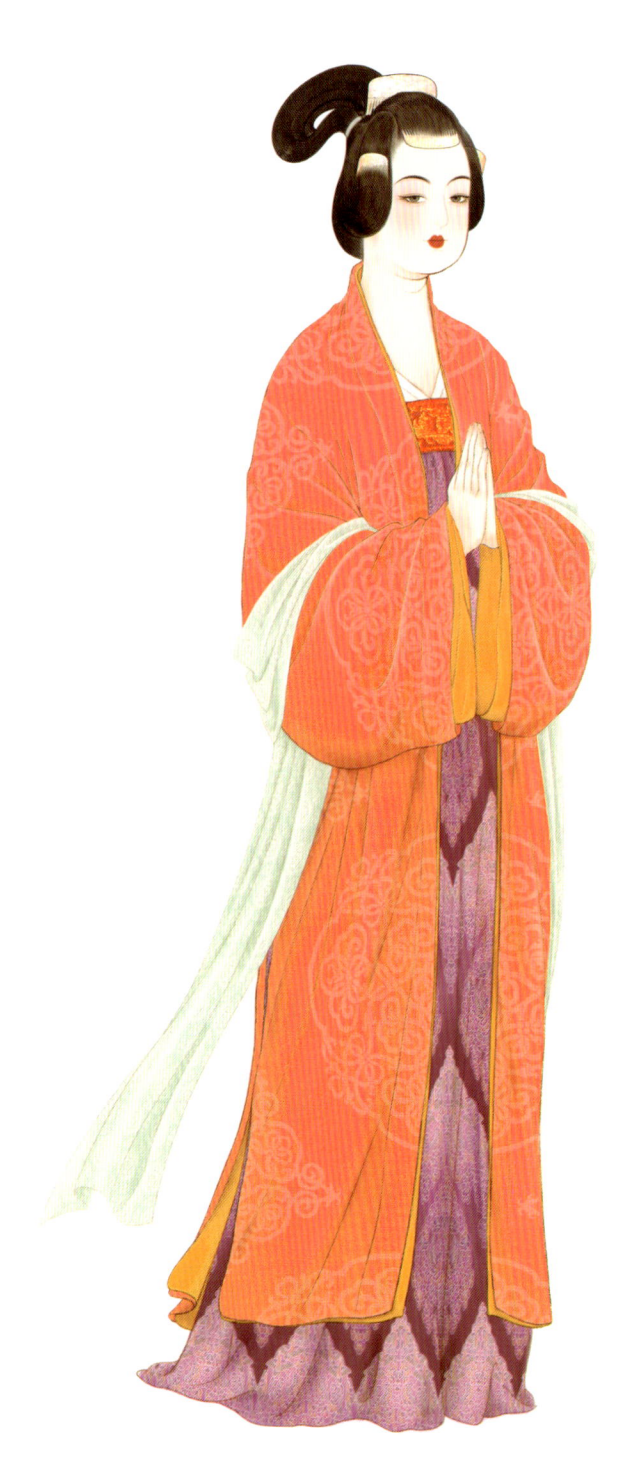

法門寺地宮出土服飾形象構擬

唐僖宗咸通十五年（874年）

髮式妝容：參考同時期壁畫形象繪製。

服飾：根據出土服飾實物組合而成。

❶披袍／披衫：專家揭取出的實物為式樣、尺寸均一致的兩件套在一起。直袖、長身，對襟綴有繫帶，外一件有襯裡，應即披袍；內一件無襯裡，應即披衫。

原衣色彩已失，本處色彩紋樣為另行設計。

❷袴：實際穿著時應位於裙內，褲腳直口，開襠，上綴繫帶。

❸銀泥彩繪羅裙：裙身不加斜縫，將六片全幅羅料拼縫後，再在裙腰部位壓褶。上壓一段織金銀線對鳳飛鳥，紋織成裙腰；裙腰兩頭另綴裙帶。裙上以銀泥勾線填彩，繪各式蝶鳥花紋飾。

原裙色彩已失，本處色彩紋樣為另行設計。

第一篇　綺羅 | 117

✥ 襦〈ㄍㄚ〉襠

在披衫流行的同時，作為女子盛裝的上衣又有一種特別式樣，名為「襦襠」。這一衣物名稱初見於唐傳奇〈霍小玉傳〉中：「生忽見玉穗帷之中，容貌妍麗，宛若平生。著石榴裙、紫襦襠、紅綠帔子。斜身倚帷，手引繡帶。」

敦煌文書中亦有多份提到襦襠，而且由文書上具體的紀年可知，這類衣物從中唐一直流行到宋初。如〈癸酉年（793年）二月沙州蓮台寺諸家散施歷狀〉中有「紫紬襦襠」、「新黃綾襦襠」。又如，寫於宋太平興國九年（984年）的文書〈鄧家財禮目〉，是當時敦煌歸義軍節度都頭知衙前虞候閻章件送給其鄧姓親家的財禮清單；其中贈與新娘的衣著一共六套。據此可知，一套盛裝是由裙、襦襠／衫子、禮巾／被（帔）子組成：

> 碧綾裙一腰、紫綾襦襠一領、黃畫被子一條，三事共一對。
> 紅羅裙一腰、貼金衫子一領、貼金禮巾一條，三事共一對。
> 綠綾裙一腰、紅錦襦襠一領、黃畫被子一條，三事共一對。
> 紫繡裙一腰、紫繡襦襠一領、紫繡禮巾一條，三事共一對。
> 又紅羅裙一腰、紅錦襦襠一領、黃畫被子一條，三事共一對。
> 又紫繡裙一腰、繡襦襠一領、繡禮巾一條，三事

晚唐女性形象
河北平山王母村唐代崔氏墓壁畫／唐哀帝天祐元年（904年）
河北省文物研究所，等，〈河北平山王母村唐代崔氏墓發掘簡報〉[J]，《文物》，2019，(6)。

共一對。

又綠綾裙一腰、紅錦褾襠一領、銀泥禮巾一條，三事共一對。

在敦煌文書〈下女夫詞〉寫本中有一首〈脫衣詩〉，是新郎為新娘脫去婚服時所吟詠：「山頭寶徑甚昌揚，衫子背後雙鳳凰。褾襠兩袖雙鴉鳥，羅衣折疊入衣箱。」可知這套盛裝組合是唐代民間嫁娶的女子婚服。而且褾襠既與衫並列，那麼其式樣大約也與衫接近。所謂「襠」，是指一片當胸、一片當背的內衣，故名「裲襠」；而「褾襠」之名大約即是取其「掩蓋於裲襠之外」的意思。

自法門寺地宮揭取的衣物中，恰有一式上衣，有別於長身的披衫，也不同於唐人日常所穿短身的衫，而是衣身極短，與衣身近乎平齊的直筒式樣。前後長度相當，恰可掩住內衣。實際穿著時，或將衣領做對襟鬆敞在外，或需依靠折疊拉伸將袖根掖入裙腰，這極可能便是當時的褾襠。

晚唐女性形象
西安西郊棗園唐墓女俑／約唐懿宗咸通年間
陝西省考古研究所，〈西安西郊棗園唐墓清理簡報〉[J]，《文博》，2001，(2)。

法門寺地宮出土服飾形象構擬

唐僖宗咸通十五年（874年）

髮式妝容：參考同時期俑像繪製。

服飾：據出土服飾實物組合而成。

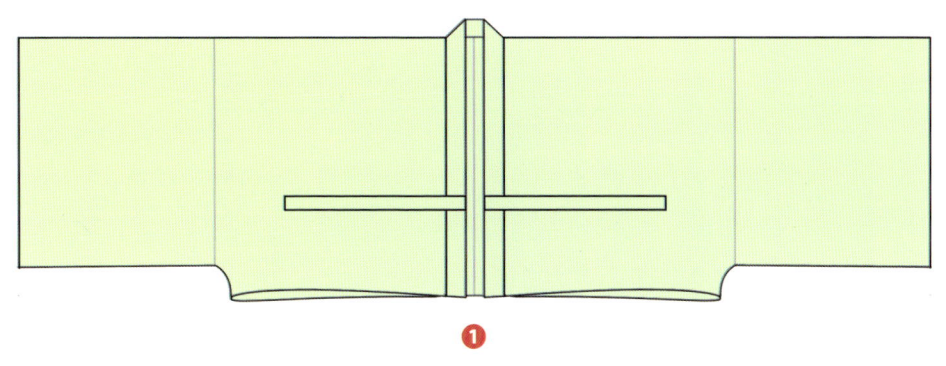

❶寬袖上衣：衣身長度與袖口大致平齊。原件領部已殘，形制不明，現參考同時期壁畫形象推測。

色彩已失，本處復原的色彩為另行設計。

❷袴：推測式樣與前同，仍是開襠、褲腳直口的式樣。

❸蹙金銀線繡裙腰銀泥彩繪長裙：將羅料裁為二十四片上窄下寬的長條，再拼縫為整片成裙，裙上以銀泥勾線填彩，繪各式蝶鳥花紋飾。上壓一段金銀線流雲麒麟紋織成裙腰，另行加縫裙帶於裙腰兩側。

原裙色彩已失，本處復原的色彩紋樣為另行設計。

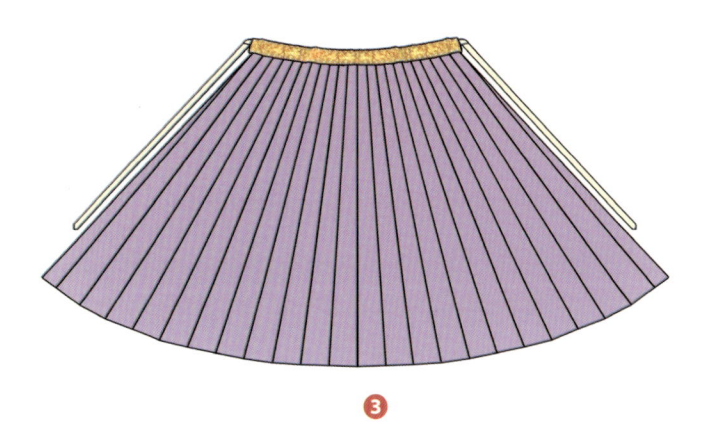

袴與長裙

與上衣對應，晚唐五代時期女子的下裝是袴與長裙。從《花間集》中便能看出當時女子內穿褲裝、外罩長裙的衣著層次：「瑟瑟羅裙金線縷，輕透鵝黃香畫袴。垂交帶，盤鸚鵡，裊裊翠翹移玉步。背人勻檀注，慢轉嬌波偷覷。斂黛春情暗許，倚屏慵不語。」①

袴或寫作絝，式樣如法門寺地宮衣物包塊中揭取出的兩身式樣一致的長褲，上為開襠，下是兩個大口褲筒。這是南方式的褲裝形式，自安史之亂後逐漸取代了唐前期流行的北方胡服式小口袴，成為女子內衣的流行式樣。

晚唐五代流行的裙裝則大多裙擺寬、裙幅多、裙身長。以《花間集》中的一句「六幅羅裙窣地，微行曳碧波」②描述最為貼切。

法門寺地宮出土的兩腰長裙式樣各不相同，一式不加斜縫，純將六幅正幅羅料平縫，再在裙身部位打上十二道順褶，上壓一段織金銀線對鳳飛鳥紋織成裙腰；一式將羅料裁為二十四片上窄下寬的長條，再逐一拼縫成整片，上壓一段金銀線流雲麒麟紋織成裙腰。裙帶均是另行加縫於裙腰兩側。待裙縫製好後，又以銀粉調膠合成的銀泥在羅裙上細細勾描出蝶鳥花卉紋飾輪廓，最後填以彩繪。

雖因年久裙色已失，但《花間集》中多記女子裙色，可資對照想像：「記得綠羅裙，處處憐芳草」③、「小魚銜玉鬢釵橫，石榴裙染象紗輕」④、「卻愛藍羅裙子，羨他長束纖腰」⑤。

① 顧敻，〈應天長〉。

② 孫光憲，〈思帝鄉〉。

③ 牛希濟，〈生查子〉。

④ 閻選，〈虞美人〉。

⑤ 和凝，〈何滿子〉。

由於披衫的對襟式樣，女性過去當成內衣的抹胸有了露出在外的可能。然而內衣外露終被視為不雅，於是唐女有了在長裙腰上再加縫一段寬裝飾花片的做法；到了五代，這一式樣蔚然成風。其花片往往與裙身使用同一式樣的色彩紋飾，形為拱起的弧狀，如《簪花仕女圖》中右起第二人；更有精緻者作花瓣形態，如五代後唐同光二年（924年）王處直墓壁畫中侍女腰間所繫。

五代女性形象
王處直墓壁畫／後唐同光二年（924年）
河北省文物研究所，保定市文物管理處，《五代王處直墓》[M]，北京：文物出版社，1998。

五代佚名《簪花仕女圖》
遼寧省博物館藏

花襜裙（花蔽膝）

在裙與褲之間，晚唐五代女子還獨有一層特殊的衣式，名喚「襜裙」。大約因當時女子騎馬外出時露出內穿的褲裝終究有所不妥，於是另加一件遮蔽在身前的圍裳。白居易〈同諸客嘲雪中馬上妓〉中一句「銀篦穩篸烏羅帽，花襜宜乘叱撥駒」已解釋得清楚。襜裙俗名蔽膝，韓偓有「香侵蔽膝夜寒輕，聞雨傷春夢不成」（〈聞雨〉），「遙夜定嫌香蔽膝，悶時應弄玉搔頭」（〈青春〉）。諸詩似也說明它最初來源於平康妓館、風流藪澤，而出行自有軒車的宮廷貴婦則毋需用它，因此法門寺地宮〈隨真身衣物帳〉中未見。

晚唐以來的頻繁戰亂，導致女子出行次數增多，襜裙開始大為流行。如後蜀宋王趙廷隱墓出土彩陶伎樂俑二十餘，歌伎樂女雖在外罩的裙上運用了身側開衩的衣式，使內側的褲直接露出，但在身前正中褲與裙間，無一不是露出一角方形或花形的蔽膝。此外，值得一提的是，《花間集》的編纂者、後蜀衛尉少卿趙崇祚，正是趙廷隱長子。

風尚流及宮廷，催生出更為華麗的式樣。大約繪製於五代南唐時期、展現宮廷婦人時尚的《簪花仕女圖》中，起首一個左手執拂子逗弄小狗的美人，右手輕攏身前紅裙，恰好露出繪對蝶紋的褲與敷彩繪花的花形襜裙。和凝寫有〈山花子〉詞，彷彿正是要將畫中美人狀貌一概擷入筆下：

鶯錦蟬縠馥麝臍，輕裾花草曉煙迷。

五代女性形象
後蜀趙廷隱墓出土女俑
成都市博物館藏

鸂鷘戰金紅掌墜，翠雲低。

星靨笑偎霞臉畔，蹙金開襜襯銀泥。

春思半和芳草嫩，碧萋萋。

銀字笙寒調正長，水文簟冷畫屏涼。

玉腕重，金扼臂，淡梳妝。

幾度試香纖手暖，一回嘗酒絳唇光。

伴弄紅絲繩拂子，打檀郎。

晚唐五代以降，襜裙仍在遼金統治地域流行。其實物見於內蒙古吐爾基山遼墓，裙身用三片全幅做成上接裙腰、下部分離的三片花形，上以金銀線繡出對鳳團花圖樣，出土時穿在墓主六件左衽外衣之下，四腰羅裙之上。這種襜裙外穿的做法，也見於後周顯德五年馮暉墓壁畫侍女像、內蒙古巴林右旗都希蘇木友愛村遼墓木槨彩繪侍女像等。但在中原，襜裙的時尚入宋便逐漸消失。先是汴京城中妓

花襜裙
內蒙古吐爾基山遼墓出土
九州國立博物館，《草原的王朝·契丹·三位美麗的公主》[M]，九州：西日本新聞社，2011。

女「不服寬褲與襠」，另製前後開袴的旋裙以便騎驢，而後士人家眷紛紛追慕效仿。即使當時官員如司馬光將其視作「番俗」、「不知恥辱」[1]，但卻終究是對風尚大勢無能為力了。

① 《醴泉筆錄》。

▲
五代女性形象
馮暉墓壁畫／後周顯德五年（958年）
咸陽市文物考古研究所，《五代馮暉墓》[M]，重慶：重慶出版社，2001。

▲
遼代女性形象
內蒙古巴林右旗都希蘇木友愛村，遼墓木槨彩繪
九州國立博物館，《草原的王朝·契丹·三位美麗的公主》[M]，九州：西日本新聞社，2011。

五代南唐女性妝束形象

參考《簪花仕女圖》繪製。

髮式妝容：頭梳高髻，首翹鬟朵，簪芙蓉花，面繪北苑妝。

服飾：身著羅大袖披衫、長裙（內襯有襜裙）。

幾度春風生碧草,多少紅粉委黃泥。
琳琅今歸何處去,昔時曾伴玉人棲。
　　——集句

第二篇／琳琅

概說

　　狹義的首飾專指女子頭飾，常見的有簪、釵、梳之類。其中簪釵起初都是用以挽髮的實用物件，只是簪腳為單股，釵腳為雙股；梳則用以梳理頭髮，亦可插在頭上穩固髮髻。在實用功能的基礎之上再加妝點，便得以為「首飾」。廣義的首飾又進一步延伸，包括耳飾、項飾、手飾之類。

　　在女性時尚擁有無限活力的隋唐五代時期，首飾的裝飾功能也愈發突顯。當時製作首飾的工藝已極為精好，玉石琢磨、金銀打造、寶石鑲嵌，成就了女子首飾的滿目琳琅。而首飾式樣雖多，卻均是隨著當時的好尚流行做出組合變化。

　　接下來所討論首飾的範圍將以頭飾為主，兼及其他，擷取隋唐五代時期七位女性的首飾加以推測復原，進而探尋首飾背後的故事，一飾一解具體分說，透視不同時期的時尚流行。

花釵部

花樹

鈿

步搖

梳

釵

耳墜

▲ **賀若氏**／初唐賀若氏墓出土首飾組合

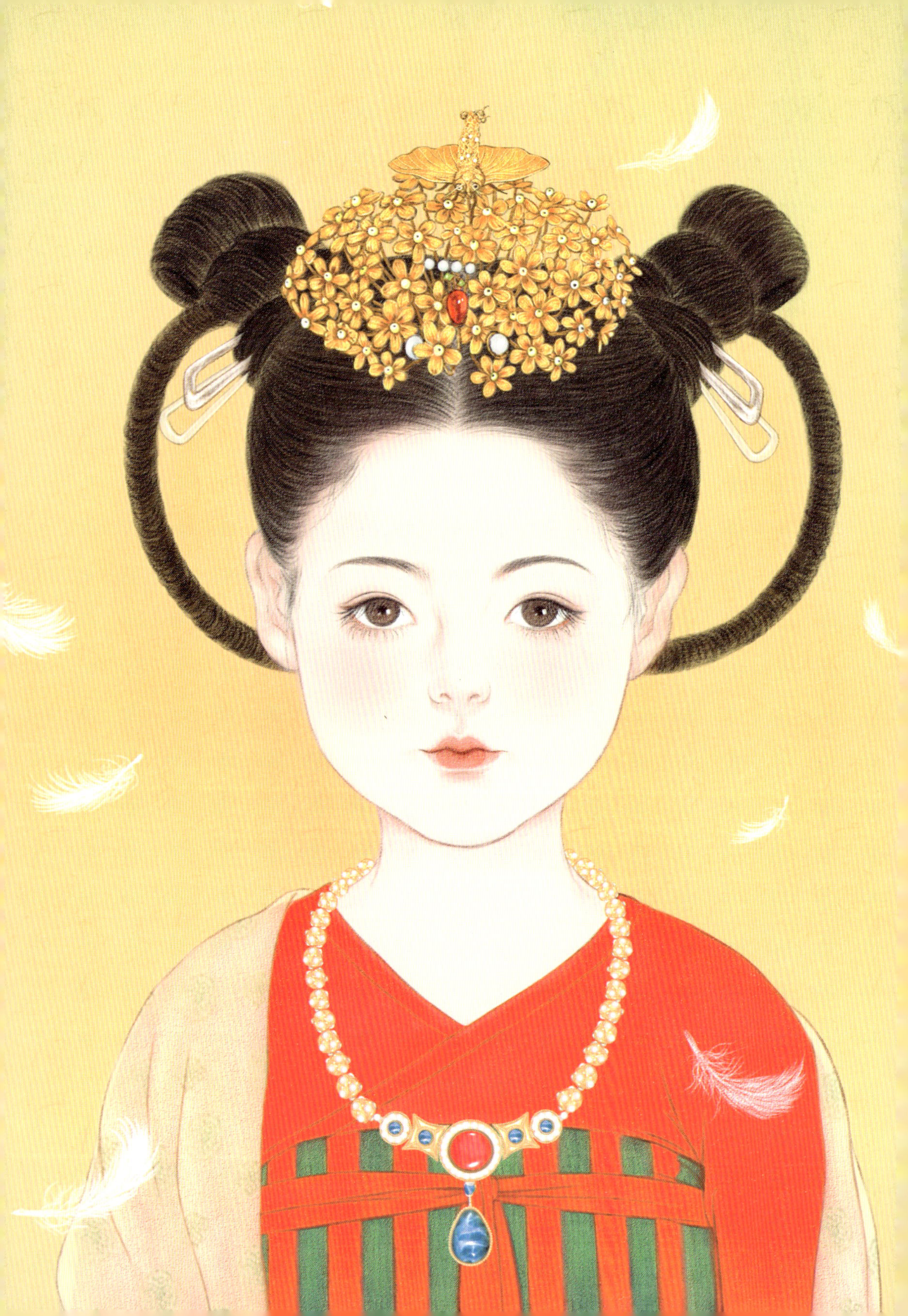

隋左光大夫岐州刺史李公第四女。女郎諱靜訓，字小孩。淑慧生知，芝蘭天挺，譽華鬢髮，芳流鞶帨。

李靜訓

隋 早夭的金枝玉葉

李靜訓

　　1957年中國科學院考古研究所在陝西省西安市西城牆玉祥門外發掘一座隋墓。墓葬規模不大,但隨葬品極豐富,其中尤以諸多首飾最為精美。從墓誌得知,墓主為北周、隋兩朝宗室貴女李靜訓[1]。

　　李靜訓,字小孩,其家世甚為顯赫。

　　其父系,曾祖李賢、祖父李崇均是北周功臣名將;入隋後,李崇官至上柱國[2],直到隋文帝開皇三年(583年)戰死沙場,以身殉國;李崇之子李敏由隋文帝楊堅收養於皇宮之中。

　　其母系,外祖母楊麗華本是北周重臣楊堅與

[1] 中國社會科學院考古研究所,《唐長安城郊隋唐墓》[M],北京:文物出版社,1980。

[2] 編按:上柱國,古官名,於國功蹟卓著,有戰功者。

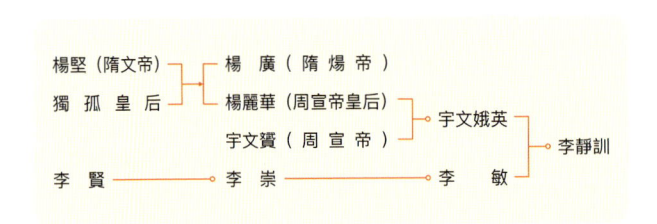

```
楊堅(隋文帝)——┬——楊 廣(隋煬帝)
獨孤皇后　　　　├——楊麗華(周宣帝皇后)——┐
　　　　　　　　└——宇文贇(周宣帝)　　　├——宇文娥英——┐
　　　　　　　　　　　　　　　　　　　　　　　　　　　　　├——李靜訓
李 賢————————李 崇————————————李 敏———————┘
```

獨孤氏的長女，嫁北周太子宇文贇。後宇文贇即位（周宣帝），楊麗華為皇后；周宣帝早逝，年僅二十歲的楊麗華被尊為皇太后；不久，楊堅自立為帝，改國號為隋，楊麗華改稱樂平公主。

楊麗華與周宣帝僅有一女宇文娥英。隋文帝開皇初年，楊麗華親為愛女擇婿，當時雲集宮廷待選的貴公子日以百數，而李敏姿容俊美、擅騎射、工於歌舞弦管，被楊麗華選中。宇文娥英出嫁時，婚禮盛大，如皇帝嫁女一般，楊麗華更借自己的特殊身分，為獨生愛女的夫君謀得高官「柱國」。

李靜訓為李敏第四女，自幼由外祖母楊麗華養於宮中。然而，顯赫的家世與外祖母的寵愛並未延長她短暫的生命。隋煬帝大業四年（608年）六月，皇室駕幸汾源宮（位於今山西省寧武縣）避暑，李靜訓不幸染病歿於宮中，年僅九歲。悲痛的長輩下令將她的遺體運回京城，同年十二月葬於大興城（唐長安城）內休祥里、原用以安置前朝後宮妃嬪的萬善尼寺中。

雖然李靜訓生前並無封號，但她的葬禮規格超乎尋常：頭戴象徵宗室貴女身分的花樹釵，頸飾來自異域的嵌寶石金項鍊，手飾金鐲與金指環各一對，周身被奇珍異寶環繞；下葬後「即於墳上構造重閣，遙追寶塔」，作為超度祈福之場所。

李靜訓的早夭雖為不幸，卻使她得以逃避更加不幸的家族命運。在她死後的第二年，即大業五年（609年），最寵愛她的外祖母楊麗華辭世；大業十年（614年），父親李敏因受隋煬帝猜忌，遭處死；數月後，母親宇文娥英被賜鴆毒死。在李靜訓死後第十年，曾經煊赫一時的隋朝煙消雲散。

李靜訓墓中出土的各式首飾，讓我們得以瞭解當時一位皇室金枝玉葉的首飾詳情。後來這些文物均入藏中國歷史博物館（今中國國家博物館）。

形象復原依據

　　考古發掘時，李靜訓佩戴首飾的相對位置保持較好。鬧蛾金銀珠花樹頭釵戴在頭頂正中，頸部為一串嵌有寶石的金項鍊。此外有水晶釵與白玉釵各三、木質插梳一，位置不明。

金鑲寶珠項鍊

　　以金絲編製的鏈索串起二十八顆金質球形珠，金珠均由十二個小金環焊接而成，其上又各嵌珍珠十顆。項鍊上端正中圓金飾內嵌凹刻角鹿的深藍珠飾，左右各有金鉤掛起項鍊兩端的方形嵌青金石飾件。項鍊下端居中為一嵌雞血石嵌珍珠的圓金飾，左右兩側各有一星形金飾及一圓金飾，上均鑲嵌藍色珠飾。圓金飾邊緣嵌珍珠一周。雞血石下掛一水滴形嵌藍水晶金飾。項鍊充滿濃郁的域外風格，應是自中亞或西亞傳入。

鬧蛾金銀珠花樹頭釵

　　頭釵下部是三枚釵腳，上為圓金片卷作荷葉狀的台座，台座上又有二卷環，其上生出金絲製作

▶ **李靜訓墓中出土頭飾（鬧蛾金銀珠花樹頭釵）**

陝西省博物館，《隋唐文化》[M]，上海：學林出版社，1990。

鬧蛾金銀珠花樹頭釵

▶ **李靜訓墓中出土頭飾（白玉釵、水晶釵）**

中國社會科學院考古研究所，《唐長安城郊隋唐墓》[M]，北京：文物出版社，1980。

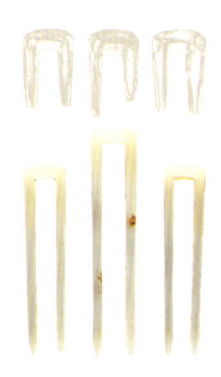

白玉釵、水晶釵

▶ **李靜訓墓出土金鑲寶珠項鍊**

李炳武、韓偉，《中華國寶：陝西珍貴文物集成：金銀器卷》[M]，西安：陝西人民教育出版社，1998。

金鑲寶珠項鍊

第二篇　琳琅 | 137

的花枝，枝上綴以六瓣金花、三角金葉，花蕊中嵌珍珠。花朵之間亦有寶石花蕾和如意雲頭長條形金片。頭釵頂部為一隻展翅飛蛾，以較粗金絲編出翅膀與軀體，再用細金絲層疊編織填補細部。軀體中空，外繞綴有珍珠的金絲網，其中可盛香料；飛蛾以珍珠為眼，金絲為觸鬚。

❈ 首飾小識：花樹

李靜訓頭上所戴的鬧蛾金銀珠花樹頭釵，在當時被稱作「花樹」或「花釵」，這種首飾與規定貴族女性等級的命婦制度密切相關[①]，是貴婦身著盛裝時用以彰顯身分的頭飾。

依身分高低差異，她們能夠使用的花樹數量也有所不同。這一做法在李靜訓的母族、北周皇室宇文氏統治時期就開始被列入國家禮儀典章，進而成為一種制度，隋朝依舊沿襲。

[①] 由國家冊封貴族女子以特定的稱號，接受稱號者即被稱為命婦。後宮妃嬪等稱「內命婦」，朝廷大臣的母親、妻子及其他有封號的貴族女性稱「外命婦」。

李靜訓墓出土鬧蛾金銀珠花樹頭釵

（左）朝日新聞社，《大唐王朝之華──都長安的女性們》[M]，京都：便利堂，1996。

（上）揚之水，〈步搖花與步搖冠〉[N]，文彙報，2019-07-05。

① 《舊唐書·輿服志》。

到了唐朝，朝廷頒布的《衣服令》中仍有這類規定，如唐時皇后身著大禮服時，頭戴十二花樹；皇太子妃服「首飾花九樹」；內外命婦服，一品「花釵九樹」，二品「花釵八樹」，依次遞減①。

花樹多以纖小的金銀花片、琉璃花片及珍珠製作，極易損壞，因此如今考古發現的大多是殘損的花枝或零落的花片，李靜訓的花樹是極難得的完整例子。初唐入葬的前隋蕭皇后墓中也出土有一頂花樹頭冠，雖然這頂唐朝皇室為前朝皇后所製的頭冠頗為粗劣，但可以看到殘存的花樹作簇生蓮花與荷葉的狀貌，花蕊中更以微雕白石小飾物嵌出佛教故事中天人自蓮花化生的過程。

在〈唐薛丹夫人李饒墓誌〉中，描寫了一位頭釵花樹的唐朝貴婦入宮朝見皇太后時的優雅風姿：

元和元年，外命婦朝王太后於興慶宮之前殿。他

雲岡石窟第五窟窟頂蓮花化生浮雕

吉村憐，《天人誕生圖研究：東亞佛教美術史論文集》[M]，上海：上海古籍出版社，2009。

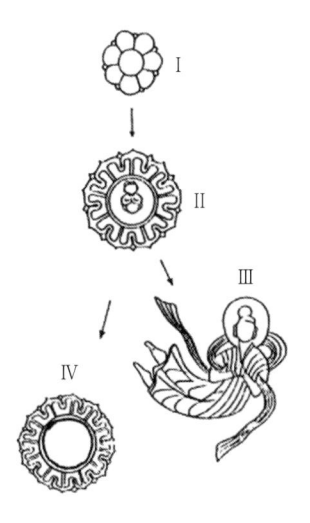

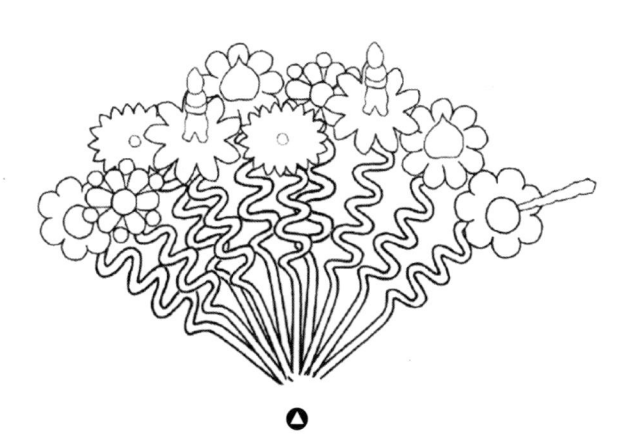

初唐蕭皇后冠飾花樹結構

陝西省文物保護研究院，揚州市文物考古研究所。
《花樹搖曳·鈿釵生輝：隋煬帝蕭后冠實驗室考古報告》[M]。
北京：文物出版社，2018。

官母妻咸惴栗恐懼，贊拜幾不畢。夫人服品服，首釵六樹，衣翟六等，黼領朱褾，加侯佩小綬，雅獨雍容，進退動合儀度，在內廷觀者咸多之。尚書公曰：「若夫人，誠可以當崇封矣。」明日，敕得隴西縣君。

不過，對於身分較高的貴婦人而言，需要佩戴的花樹過多，一樹樹插戴在頭頂的過程過於繁冗；因此可以把多簇花樹直接安裝在一種冠形框架「蔽髻」上，使用時直接以冠的形式戴在梳好的髮髻之上。如日本京都上品蓮台寺所藏《過去現在因果經》繪卷中，出家前身為太子的釋迦牟尼與王妃耶輸陀羅坐於宮殿之中，王妃頭上正戴了一頂花樹冠。

為了將這頂花冠戴穩，又可將兩枚附有華麗飾物的長簪或長釵分別插在花冠兩側。這類飾物名為「博鬢」，其實物早見於北齊貴族婁睿的墓葬中。唐代的博鬢有多種形式，初唐蕭皇后墓中的博鬢結構是直接附著於冠體兩側，而西安建築工地出土的一組冠飾組件中，博鬢下還附著有長釵。

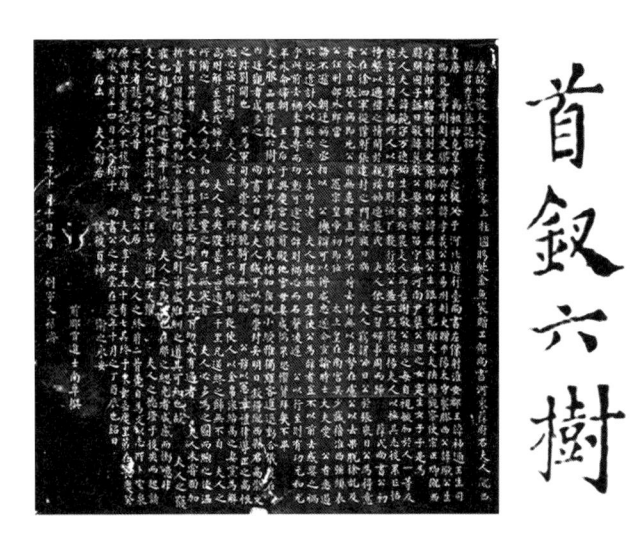

〈唐薛丹夫人李饒墓誌〉拓片
趙振華，《洛陽古代銘刻文獻研究》[M]，西安：三秦出版社，2009。

▶

上品蓮台寺藏《過去現在因果經》繪卷局部

田軍,等。《日本傳統藝術·第一卷·敘事畫卷》[M],重慶:重慶出版社,2002。

❊ **首飾小識:寶鈿蓮台**

雖花樹有區分命婦等級的作用,但當一眾貴婦人聚集時,她們頭上都是一簇簇金光閃爍的花樹,便很難分辨。這時另一種飾物「寶鈿」[①]也加入了頭飾之中,其形如蓮花花瓣,數量也和花樹一樣依照命婦的身分變化。實際佩戴時可以將寶鈿組裝在長釵端頭,直接插戴;也可組裝在名為「蔽髻」的罩髮框架上。一瓣即是一鈿,在頭頂的正前方組成一朵盛開的蓮台。

蓮花在佛經中格外被推崇,西方極樂世界中蓮台分為九等。於是在盛行佛教信仰的北朝時期,一品命婦以九鈿作為頭飾,以下等級依次遞減。但對於皇后而言,九品蓮台亦居下品,頭頂十二瓣蓮台花冠的北魏皇后,已出現在洛陽龍門石窟的皇后禮佛圖浮雕之中。

一枚北朝時期的天人化生蓮瓣形寶鈿,出土於

[①] 隋唐人常說的「寶鈿」,指的是鑲嵌各式珠寶的金質或銅鎏金的片狀花飾。

北齊婁睿墓出土博鬢

山西省考古研究所，太原市文物考古研究所，《北齊東安王婁睿墓》[M]，北京：文物出版社，2006：彩版一五七。

初唐蕭皇后墓出土博鬢

陝西省文物保護研究院，揚州市文物考古研究所，《花樹搖曳・鈿釵生輝：隋煬帝蕭后冠實驗室考古報告》[M]，北京：文物出版社，2018。

西安建築工地墓葬出土博鬢

擷取自日本NHK電視台紀錄片《遺失的長安》

天人化生蓮瓣金鈿

東魏茹茹公主墓出土

邯鄲市文物研究所，《邯鄲古代雕塑精粹》[M]，北京：文物出版社，2007。

① 磁縣文化館，〈河北磁縣東魏茹茹公主墓發掘簡報〉[J]，《文物》，1984，(4)。

遠嫁東魏的茹茹（柔然）公主郁久閭‧叱地連（她的夫君即後來的北齊武成帝高湛）墓中①。隋朝統一南北時，依然採用這種充滿佛家意味的蓮冠制度，與承襲自北周的花樹制度結合在一起。

在唐朝，文化呈現一種更為兼收並蓄的狀態。吳王李恪妃楊氏擁有細節獨特的蓮瓣形寶鈿——其上竟以景教（基督教分支聶斯脫留派）標誌十字架作為裝飾紋樣。「大秦景教流行中國碑」立於唐建中二年（781年），記述了景教在唐代流傳情況，在此石碑上部，十字架也立在一朵蓮花之上。

北魏皇后禮佛圖浮雕局部
龍門石窟賓陽中洞石刻／美國納爾遜藝術博物館藏
長廣敏雄，《中國美術‧第三卷‧雕塑》[M]，東京：講談社，1973。

吳王李恪妃楊氏墓出土金鈿頭釵
湖北省孝感市博物館藏

唐大秦景教流行中國碑拓片局部

石碑現藏於西安碑林博物館

本書作者據舊拓改製

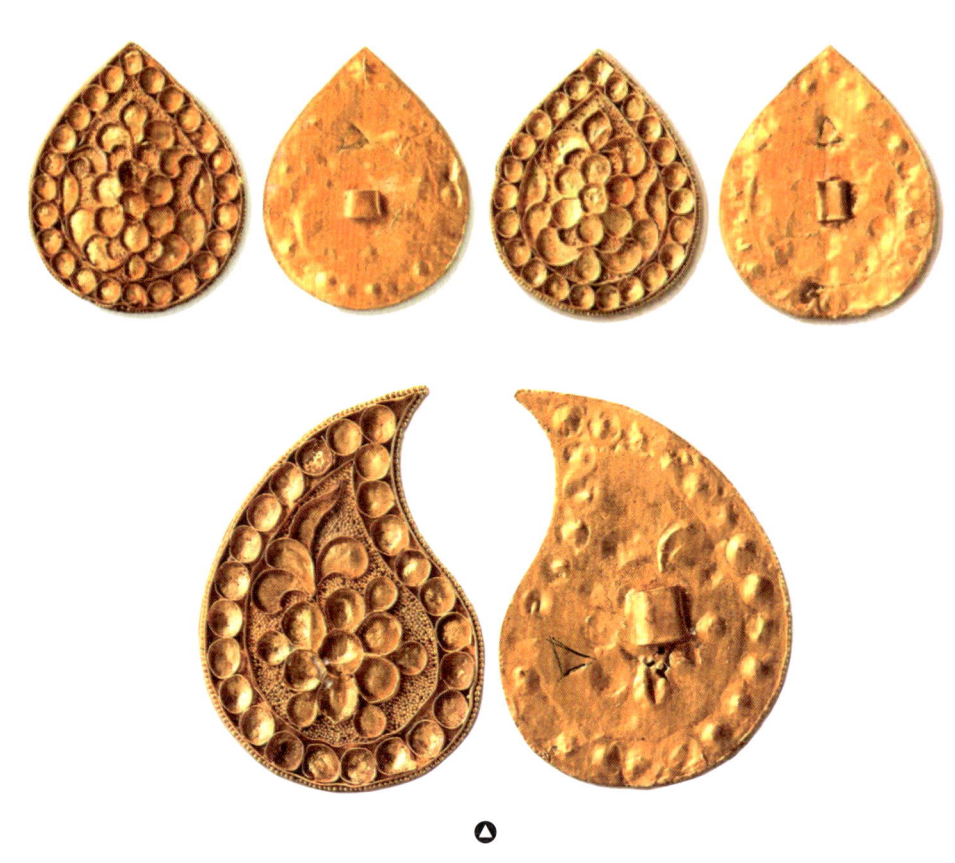

西安西郊唐代窖藏出土金鈿

西安博物院,《金輝玉德:西安博物院藏金銀器玉器精萃》[M],
北京:文物出版社,2013。

① 《新唐書》卷八三：「主乘輅謁憲、穆二室，歔欷流涕，退詣光順門易服、襆冠鈿待罪，自言和親無狀。帝使中人勞慰，復冠鈿乃入，群臣賀天子。」本處「鈿」字原從古字寫作「鎮」。

② 王長啟，〈西安市出土唐代金銀器及裝飾藝術特點〉[J]，《文博》，1992，(3)。

總而言之，雖然這種禮儀性質的頭飾有著嚴格的等級制度需要遵守，但貴婦們完全可以在細微之處，如寶鈿的裝飾上，選用自己喜愛的紋飾。

一頂花冠也反映著唐人的大氣魄。正如白居易於唐憲宗元和九年（814年）所作長詩〈渭村退居寄禮部崔侍郎翰林錢舍人〉中形容一次宮廷聚會，呈現的情形是「分庭皆命婦」、「貴主冠浮動」、「金鈿相照耀」，諸位公主、命婦們頭戴精巧的花冠，花樹浮動，金鈿照耀。

唐武宗會昌三年（843年），唐朝迎回曾和親回鶻的太和公主（唐憲宗之女，歸國後封定安大長公主），史書記載公主歸來情形，曾在光順門外換下身上禮服、取下頭上「冠鈿」，為和親終結請罪；在武宗派遣人慰勞後，公主才又戴上「冠鈿」入宮朝見天子。① 據此可知，當時已直接將這種禮冠稱作了「冠鈿」。

此外，值得一提的是，西安西郊曾出土一小缸，其中儲藏著一組殘損的金鈿、博鬢②。這大約是在唐朝遭遇戰亂時，某位貴婦人匆忙逃離長安城前所埋下的，不過其後的故事卻已消散無蹤。

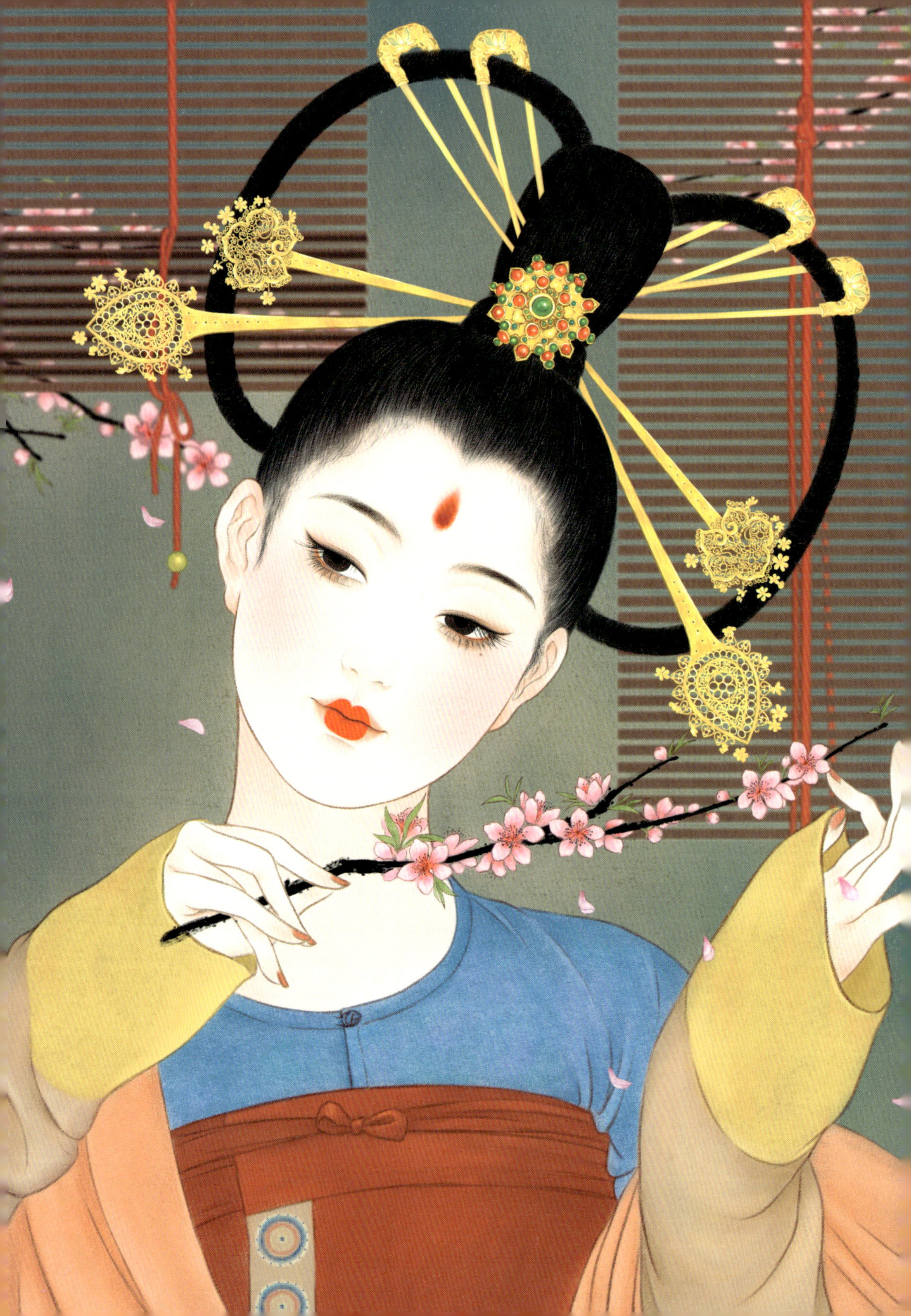

大唐吳國妃楊氏。

◀ 吳王妃楊氏

初唐 流落南土的王妃

🌺 吳國妃楊氏

1980年，考古人員在湖北安陸清理發掘了一座唐代大墓。墓室中出土一方墓誌，蓋上題寫著「大唐吳國妃楊氏之志」，據此可知墓主人是唐代某位吳王之妻[1]。

當考古工作者揭開墓誌蓋時，卻發現下方的墓誌凹凸不平全無一字。這種少見的情形不像是盜墓者所為，反而更像是王妃下葬後不久，墓中就遭人刻意損毀破壞。雖墓誌已被磨滅文字，但沿著史書記載的線索，可以試著追尋被抹去的故事。

吳王李恪是唐太宗李世民與隋煬帝女楊妃之子，兄弟間排行第三。這個擁有兩朝皇家血統的皇子，自幼受太宗喜愛，被寄予厚望。他文武雙全，精於騎射，頗通文史，名望頗高，太宗甚至認為其與自己相似。父母為他娶來的王妃楊氏，也是隋朝宗室旁支後人。

[1] 孝感地區博物館，安陸縣博物館，〈安陸王子山唐吳王妃楊氏墓〉[J]，《文物》，1985，(2)。

大約是因為李恪有著前朝皇室的血統，太宗一開始並未把他納入繼承人的選擇範圍。哪怕有著治國的才能與抱負，李恪也只能遠避南方任官，試圖恬淡地度過餘生。不過正因如此，他得以避開朝廷中諸皇子爭奪皇位的政治鬥爭。這對於吳王妃而言，算是一個美好的開端，接下來夫婦富貴平安一生的故事彷彿已能預見。

然而，身為皇子，李恪還是擺脫不了身世帶來的命運。在朝廷的權力鬥爭中，太宗一度考慮立李恪為太子，但在權臣——亦即長孫皇后的兄弟長孫無忌——的極力勸說下，太宗最終選擇了皇后所生的第九子李治為太子。

唐太宗辭世後，李治繼位，是為唐高宗。這時，身為高宗舅父的長孫無忌，想起曾被太宗欣賞的皇子李恪，認為他是外甥皇位的潛在威脅，欲除之而後快。

唐高宗永徽三年（652年）末，長孫無忌刻意將李恪牽扯進一樁謀反案。此時李恪正出任安州（在今湖北安陸）刺史，卻不得不與妻子告別，獨自走上死路。吳王妃彷彿預料到丈夫的命運，先他一步去世，獨葬在安州。永徽四年（653年）二月，李恪在長安被定罪賜死，草草葬在長安城外。長孫無忌轉而又想起葬在安州的吳王妃，懷疑她的墓誌也許記載了夫君李恪的冤情，便命人將她的墓葬摧毀，將墓誌文字鑿去。

雖然王妃墓遭毀，但在千餘年後，我們仍能見到墓中出土的大量精美首飾，有機會對這位王妃的妝束進行推測還原。目前這些文物分別收藏在湖北省博物館、孝感市博物館與安陸市博物館。

◆ 形象復原依據

由於吳王妃楊氏墓在唐代已遭毀壞，遺落的首飾並不完整且相對位置不明，這裡參考了時期接近的唐高宗龍朔三年（663年），唐太宗二十一女新城長公主墓壁畫上的女性形象進行補全。

她們在頭頂髮髻兩側梳起寬大的髮鬟，這是從南朝流行的髮式演變而來，在唐朝時可能名為「雙鬟望仙髻」。花簪兩式各兩支（王妃楊氏僅存兩式各一支）對插在兩側髮鬟上。楊氏還有四枚裝鈿頭的長金釵，可用以撐起、固定高大的髮鬟。

◐

新城長公主墓壁畫仕女局部

陝西省考古研究所，等。《唐新城長公主墓發掘報告》[M]，北京：科學出版社，2004。

花頭簪

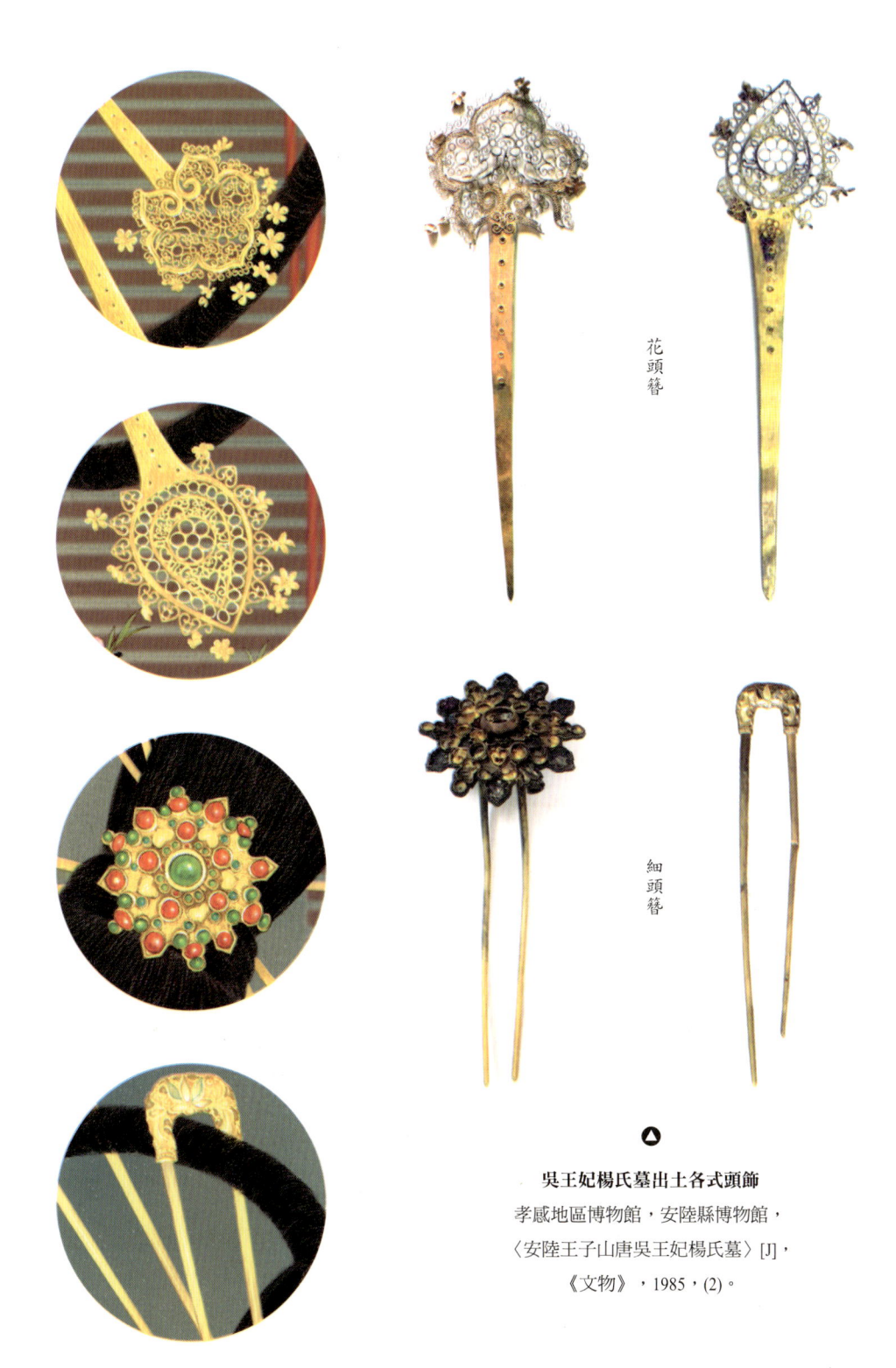

細頭簪

▲

吳王妃楊氏墓出土各式頭飾
孝感地區博物館，安陸縣博物館，
〈安陸王子山唐吳王妃楊氏墓〉[J]，
《文物》，1985，(2)。

第二篇 琳琅 | 151

金鑲瑪瑙頭釵

湖北鄂州六朝墓出土

湖北鄂州市博物館藏

饒浩洲，《鄂州館藏文物精品圖錄》[M]，武漢：湖北美術出版社，2016。

✳ 金絲花簪

花頭銀簪

法門寺地宮出土

韓生，《法門寺文物圖飾》[M]，北京：文物出版社，2009。

　　吳王妃楊氏墓出土的兩支花簪，簪首以纖細的金絲扭結盤曲成多層圖案紋樣，一支輪廓為五瓣花形，中間對立一雙小鳥；另一支紋飾與蓮瓣形的寶鈿一致。兩支花簪邊緣均綴有金箔剪成的小花。簪身前端均有九小孔，原本懸掛有鈴鐺等飾物。

　　在時代更早的南朝墓葬中，出土有一支釵頭裝飾風格一致的金釵，以金筐鑲嵌一塊瑪瑙，四周裝飾金粟連成的卷雲紋。而在時代稍晚的法門寺地宮中，也出土有以木匣盛放的一枚花頭銀簪，柄上有多孔，與吳王妃的金簪類似。

✿ 首飾小識：隔江猶唱後庭花

　　煙籠寒水月籠沙，夜泊秦淮近酒家。
　　商女不知亡國恨，隔江猶唱後庭花。

　　杜牧〈泊秦淮〉一詩已為人熟知，詩中的「後庭花」，指源於南朝陳後主所作的樂曲〈玉樹後庭花〉。它的創作伴隨著陳朝的衰敗滅亡，因此素來有著「亡國之音」的惡名。然而在隋唐時，〈玉樹後庭花〉仍時時演奏，甚至受到相當的重視，在宮廷大曲中依然使用[1]。

[1]當時的「清樂」中包含〈玉樹後庭花〉。所謂清樂，即經朝廷認可、漢魏以來中原地區的古典音樂，因由清商令或清商署管理而得名，一度被視作「華夏正聲」。

〈玉樹後庭花〉配有舞蹈，與之搭配的舞女頭飾則是「漆鬟髻」與「金銅雜花」。如陝西禮泉咸亨三年（672年）唐太宗妃燕氏墓壁畫中的舞伎，頭梳高大的髮鬟，其間裝飾繁複細碎的花飾。

這套首飾甚至還一度隨著樂曲遠傳日本，在日本史上留下了記載：「堀河帝嘗聞元興寺藏有〈玉樹〉裝束，遣左大辦大江匡房檢之。櫃上題曰：

唐代金花飾
美國大都會博物館藏

燕妃墓舞伎圖壁畫局部
昭陵博物館，《昭陵唐墓壁畫》[M]，北京：文物出版社，2006。

〈玉樹〉、〈金釵兩臂垂〉裝束二具。其裝束美麗無比，金冠貫以五色玉，飾以各色絲，似神女裝束……玉貫如天冠者，金釵皆繫採玉金鈴。」

「金釵皆繫採玉金鈴」又作「付金釵懸勾玉並有金鈴」①。美國大都會博物館收藏有一對唐代金花飾，下端各掛四串垂飾，以三枚相疊的金鈴、一枚勾狀小玉、一粒珠狀寶石串繫而成，正與記載一致。

不僅舞伎做如此打扮，唐高宗時代的宮廷女性也喜愛這種來自江南、如神女裝束一般風雅秀麗的髮式與首飾。她們頭梳寬大的鬟髻，簪釵之上綴著各式金質小花、小鈴與掛珠，行走時金花搖顫，小鈴發出悅耳的聲音。吳王妃楊氏的頭飾，正是體現這一宮廷風尚的實物。

雖然高起長鬟在當時的時尚中只是曇花一現，此後便逐漸成為日常很少用到的禮裝或神仙裝束的特徵；但這類首飾仍舊流行到了盛唐。如時代稍晚的永泰公主李仙蕙墓，依然出土有類似的小金鈴飾實物，石槨上亦刻有裝飾小鈴串飾的女子形象。即使花與鈴已隨著歷史之風四散零落，仍令我們得以窺見當時皇家蔚然成風的情景。

✾首飾小識：鈿頭釵子

吳王妃頭上所飾的嵌寶金釵，唐人稱作「鈿頭釵子」，在禮制中可簡稱為「鈿釵」。它大約起源於隋朝，據馬縞《中華古今注》「釵子」條記載，隋煬帝時「宮人插鈿頭釵子」。其結構是分別製作空心的釵腳與嵌寶的釵頭，兩者組合好後，接合處又以插銷連接。

①《大日本史》「玉樹後庭花」條；又《續教訓抄》「玉樹後庭花」條。
葛曉音，戶倉英美，《唐代女舞「玉樹後庭花」及「霓裳羽衣曲」之舞容考》[M]，鄧小南，《唐宋女性與社會》[M]，上海：上海辭書出版社，2003。

永泰公主墓石槨線刻仕女局部
陝西省文物管理委員會，〈唐永泰公主墓發掘簡報〉[J]，《文物》，1964，(1)。

① 初唐賀若氏墓中曾出土一組冠飾，配合冠飾插戴四枚金釵，可為一個旁證；然而賀若氏墓金釵光素，並無鈿頭裝飾。
負安志，〈陝西長安縣南里王村與咸陽飛機場出土大量隋唐珍貴文物〉[J]，《考古與文物》，1993，(6)。

早唐時期流行的釵頭鈿飾做一朵蓮花紋樣，典型如隋煬帝蕭皇后墓出土的四件鎏金銅釵、吳王妃楊氏墓出土的四件金釵，式樣完全相同。唐貴婦用這類鈿頭釵子配合禮冠，插戴於冠側①。依當時的禮制，皇后、太子妃宴見賓客，內命婦尋常參見，外命婦朝參、辭見及禮會，都需服「鈿釵禮衣」。

同時，這類鈿頭釵子出現了極為華麗繁複的式樣，裝飾意義多過禮制意義，可為女子日常妝束所用。如懿德太子墓石槨上線刻女子，鬢畔隨意插一鈿頭長釵。實物如湖北孝感市博物館館藏一支鈿頭金釵，飾鈿花的釵頭延伸很長，下端釵腳卻已縮得很短；釵梁間用細金絲扭結盤曲成多層圖案，底端再綴以一朵金花鈿。

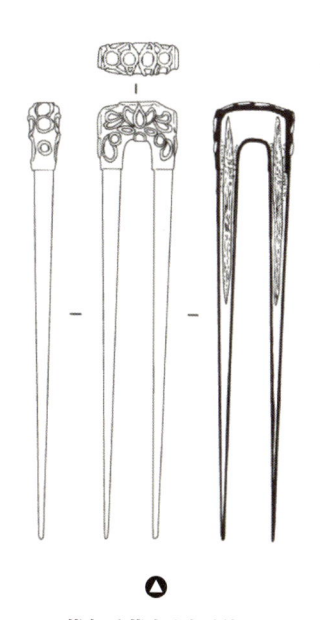

蕭皇后墓出土鈿頭釵
陝西省文物保護研究院，揚州市文物考古研究所，《花樹搖曳·鈿釵生輝：隋煬帝蕭后冠實驗室考古報告》[M]，北京：文物出版社，2018。

懿德太子墓石槨線刻仕女像局部
樊英峰、王雙懷，《線條藝術的遺產：唐乾陵陪葬墓石槨線刻畫》[M]，北京：文物出版社，2013。

金鈿頭釵
湖北孝感市博物館藏

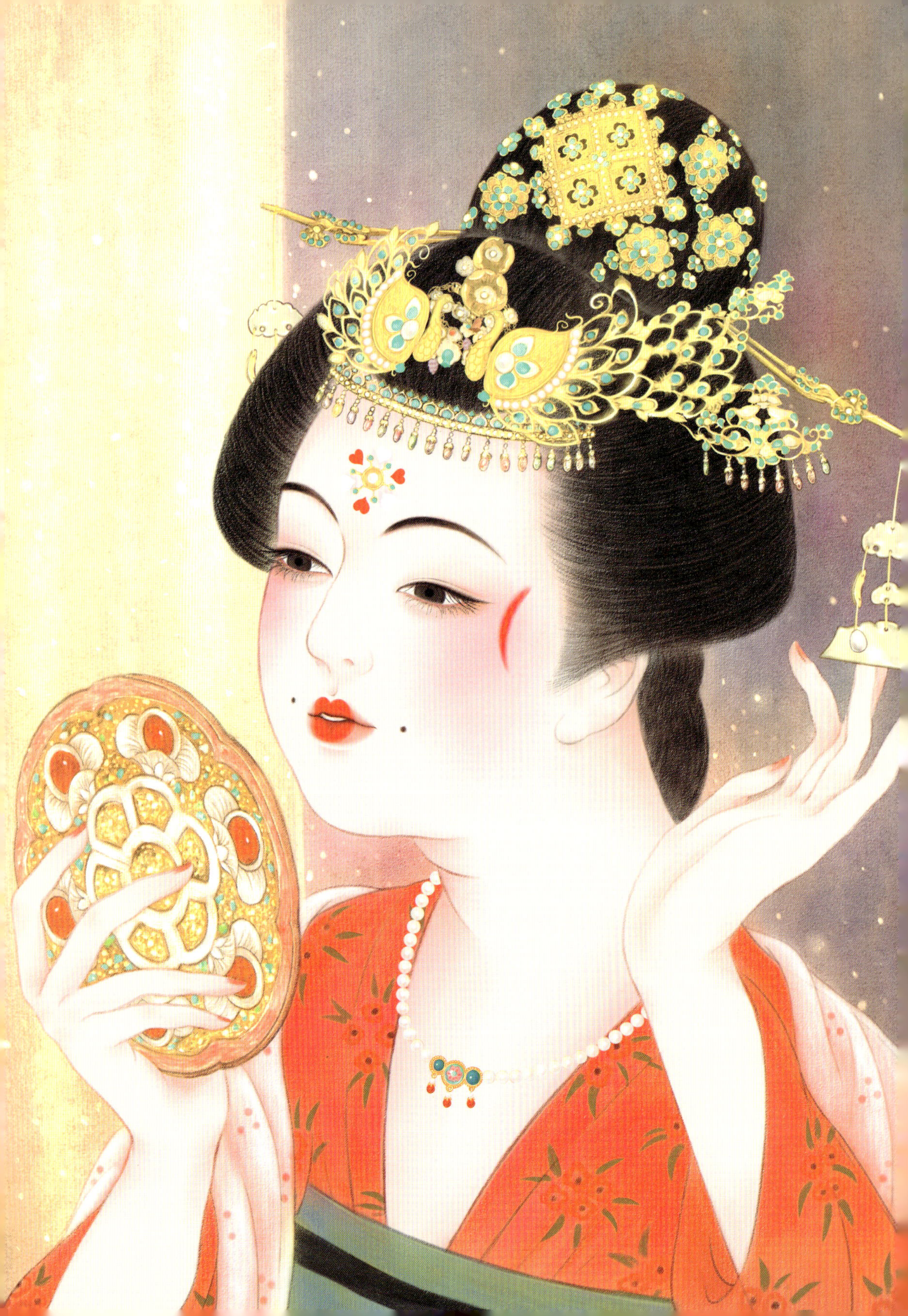

大唐宣德郎兼直弘文館侯莫陳夫人李氏。夫人諱倕，字淑嫻。德茂瓊源，蕙心蘭緒，柔順稟於天心，禮約非於師訓。

李倕

盛唐開元　宗女淑嫻

✻ 李倕

　　2001年，陝西省考古研究院在西安南郊發掘出一座唐代小型墓葬。由墓誌可知，墓主人是一位李唐宗室女，名倕，字淑嫻，下葬於唐開元二十四年（736年）[1]。這座墓葬的規格不高，與同時期品官夫人或貴族女子的墓葬相比，甚至顯得頗為寒酸。然而，棺中隨葬的各類首飾與妝奩用具卻異常精美罕見。

　　她的腰繫是用珍珠、花鈿串聯而成的瓔珞，頭飾是鑲嵌有珍珠、蚌殼、綠松石、瑪瑙、水晶、紅寶石等珠寶的金花冠飾，比起考古發現的同時期貴族女性的首飾，可謂遠過之而無不及。形成如此奇特對比的原因，若想從墓誌文字對李倕一生的簡略記載中找出答案，實有些困難。故這裡將誌文中她的事蹟排比先後，再大略揣摩其情狀，稍加以渲染，以便講述時既不失其實，也不至於乏味。

[1] 中國陝西省考古研究院，德國美因茨羅馬－日耳曼中央博物館，《唐李倕墓：考古發掘、保護修復研究報告》[M]，北京：科學出版社，2018。

①編按：古代女子年滿十五歲即束髮加笄，以示成年，及笄表示到了適婚年齡。

　　李倕之父為嗣舒王李津。所謂嗣王，本來專指親王之子承嫡繼承王位者，但李津繼承王位的經歷較為特殊。李津的祖父李元名，為唐高祖李淵第十八子，封為舒王；父親李亶封為豫章郡王。兩人均死於武則天當政時對李姓宗室的屠殺。直到唐中宗復位，李元名的爵位才得以恢復，但此時李元名諸子已死，只得以尚在人世的最年長嫡孫李津繼承祖父封號，為嗣舒王。唐先天二年（713年），李津第二女降生，得名倕。李倕與唐玄宗李隆基同宗平輩。依照唐制，親王之女得封縣主。

　　作為宗室貴女，李倕自幼被家人期以淑女應有的「柔順」、「禮約」，得字「淑嫻」。然而李倕及笄①後，並沒有選擇門當戶對的婚姻。可能是見慣權貴之家妻妾成群的景象，更期待兩相廝守式的愛情，她違背家族意願，義無反顧地嫁給門第身分平平的情郎侯莫陳氏。李倕為自己的愛情付出了頗為艱難的努力，甚至為此捨棄縣主封號和貴族的身分。她出嫁時也許沒有縣主應有的花釵禮衣，然而侯莫陳家為她精心準備的首飾衣裝同樣華麗隆重。

　　侯莫陳家不算高門，卻也殷實。其宅院位於長安城中繁華之地「勝業坊」。夫君在弘文館擔任小官，職掌整理書籍和教授生徒，夫婦二人度過了數年平安幸福的歲月。開元二十四年（736年），李倕剛剛「有子在於襁褓」，卻突然染病，藥石無效，於正月初七去世，年僅二十五歲。限於侯莫陳家的身分等級，家人無法逾越制度使用高級陪葬品為她舉行盛大的葬禮。夫君懷抱幼子，臨棺痛哭。面對墓室中寒酸的葬具，他自覺永以為負，只能將各種精美的首飾妝奩盛放在妻子棺中，使她仍是當

方勝花鈿裝寶髻

對孔雀銜花冠子

鳳鳥步搖釵

組玉佩

李倕墓出土各類頭飾構件

中國陝西省考古研究院，德國美因茨羅馬－日耳曼中央博物館

《唐李倕墓：考古發掘、保護修復研究報告》[M]，北京：科學出版社，2018。

年初嫁他時那般衣飾鮮明的模樣……

千餘年後，人們無不驚艷於李倕墓出土首飾的精緻華美，李倕也被錯冠以「大唐公主」的名號，出現在各類媒體新聞之中。卻少有人發覺，這位盛唐女子曾經因為身分而帶來戀愛上的苦悶，於是在面對這座反差極大的墓葬時，不能理解她為何身為宗女卻無封號，更無法知曉她這驚人行為的動機所在。

🌸 形象復原依據

李倕墓保存完好，各類首飾的相對位置也較明確，保留了大部分原始佩戴方式的線索。在墓葬發掘時，考古工作者及時注意到飾物痕跡，將淤土整體提取，運至實驗室，由德國專家針對首飾進行修復。目前這些首飾已由中德聯手修復成功。

由於墓葬早期滲水，原先戴在李倕頭上的飾物可能產生了一定程度的移位；修復後的整體形象也存在一些待商榷的地方。因此這裡參考唐代的文獻與形象，試著對李倕原本的頭飾插戴進行推測。

❋ 方勝花鈿裝寶髻、對孔雀銜花冠子、鳳鳥步搖寶釵

位置保持較好的是頂端呈圓球狀分布的首飾，前部正中為一方勝形金筐寶鈿，周圍交錯裝飾大小花鈿。這些飾物原本應綴在織物上，可以直接戴在頭頂，是一件裝飾華麗的「寶髻」。

李倕墓出土頭飾組合示意圖
本書作者據考古報告改繪

　　寶髻背後用「H」形鎏金銅釵固定。另有兩件鎏金鑲翠的鳳首銅釵，式樣一致，應是對插於髮髻兩邊。鳳釵兩側各垂下灡鵡棲花枝形態的墜飾與小型組玉佩。

　　寶髻前方的構件，主體是一雙以金絲編結、相對而立的孔雀翅羽與尾羽；中央為一金絲纏繞的寶石花環；最下方為一蓮台形、垂墜各色寶石珠裝飾小花的長條基座。

　　由於以有機質製作的孔雀身體已朽壞不存，繪圖時參照何家村窖藏中一件銀盒上雙孔雀銜花枝線刻，與洛陽潁川陳氏墓出土之銀平脫漆盒上孔雀銜纏枝花草的形象，進行補全，推測原本可能是雙孔雀對立銜花環的布局。銜花雙孔雀與蓮台基座組成了一頂花冠。

▶

陝西何家村窖藏銀匜線刻紋飾

陝西歷史博物館，等。《花舞大唐春‧何家村遺寶精粹》[M]，北京：文物出版社，2003。

▶

洛陽穎川陳氏墓銀平脫漆盒紋飾

洛陽市文物工作隊，〈洛陽北郊唐穎川陳氏墓發掘簡報〉[J]，《文物》，1999，(2)。

　　回顧唐人詩作，如李商隱〈燒香曲〉中形容香爐紋飾是「鈿雲蟠蟠牙比魚，孔雀翅尾蛟龍鬚」，實際借的是女子頭飾的意象，花鈿上鑲嵌著象牙與魚骨飾片，以蛟龍鬚一般的金絲編出孔雀的翅與尾；溫庭筠〈歸國謠〉中則寫道：「翠鳳寶釵垂簏簌，鈿筐交勝金粟」，翠鳳寶釵垂下掛飾，方勝形的鈿筐以金粟填飾；這些描述與李倕頭飾恰是一番貼切的對照。

❁首飾小識：寶髻偏宜宮樣

　　寶髻偏宜宮樣，蓮臉嫩，體紅香。眉黛不須張敞畫，天教入鬢長。

第二篇　琳琅 | 163

莫倚傾國貌，嫁取個，有情郎。彼此當年少，莫負好時光。

——（唐）李隆基〈好時光〉

唐玄宗李隆基曾作〈好時光〉一曲，唱詞中「彼此當年少，莫負好時光」一句，正可為李倕的人生做一番概括。而李倕頭上的首飾，也恰是為詞中勾勒的美人輪廓具體地設色敷彩。

在髮髻上妝點各式金銀珠玉，便是所謂的「寶髻」①。它可以是以真髮梳出髮髻再加以裝飾，也可以是事先裝飾妥帖、可直接以簪釵戴於頭上的假髮髻。如章孝標〈貽美人〉有「寶髻巧梳金翡翠」；又敦煌莫高窟藏經洞中所出唐人寫本《雲謠集雜曲子・拋球樂》中有「寶髻釵橫墜鬢斜，殊容絕勝上陽家」。

寶髻上的飾物，以各式金筐嵌寶的花鈿、雀鳥為主。除了保存完好的李倕頭飾，河南寶豐一座開元年間唐墓中的頭飾，亦是構件完整精好且相對位置尚存。一隻長尾展翅的嵌寶金鳳與一枚鎏金短銅釵立於寶髻中央，裝飾金絲編綴的小金花；寶髻兩側對插一雙掐絲嵌寶的鈿頭金釵。

①一個旁證是日本八世紀初頒行的《大寶令》及稍後的《養老令》，其中將「寶髻」作為內親王、女王、女官、內命婦禮服的構成之一，《令義解》注：「謂以金玉飾髻緒，故云寶髻也。」

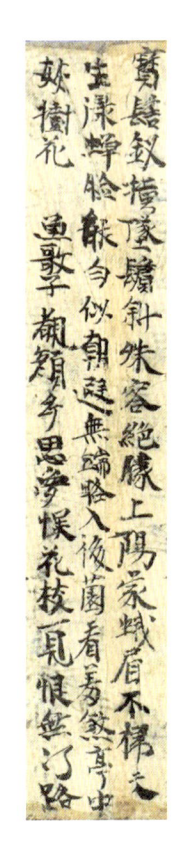

唐人寫本《雲謠集雜曲子》局部
敦煌莫高窟藏經洞出土
英國大英圖書館藏

河南寶豐小店唐墓出土頭飾
鄭州大學歷史學院，等。〈河南寶豐小店唐墓發掘簡報〉[J]，《文物》，2020，(2)。

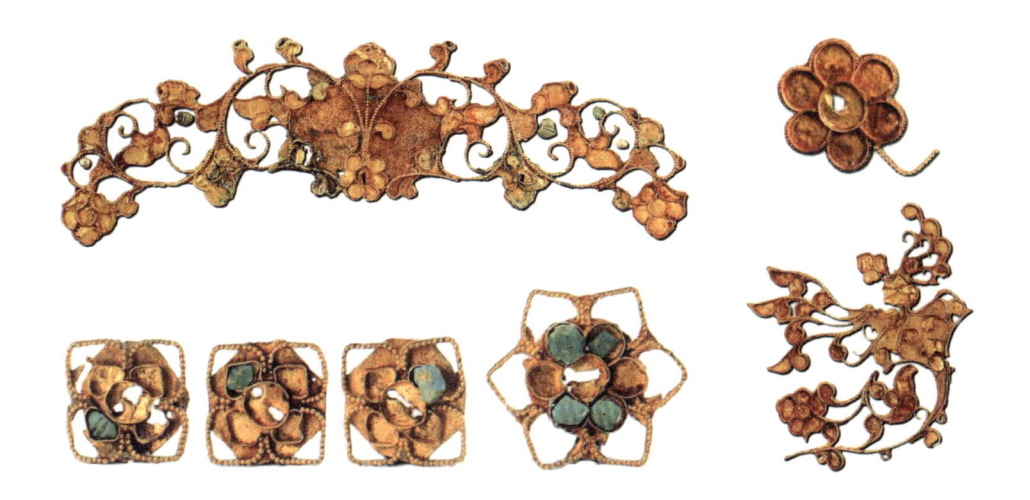

金鄉縣主墓出土頭飾

西安市文物保護考古所,《唐金鄉縣主墓》[M],北京:文物出版社,2002:圖版121-124。

開元十二年（724年）的金鄉縣主墓、開元十七年（729年）的沙河縣尉劉府君夫人蘇氏墓[①]中也出土了一些零散的花鈿殘件。花鈿上往往鑲嵌有珊瑚、琥珀、瑪瑙、琉璃、珍珠、瑟瑟等各種寶石以及魚骨、象牙、貝殼磨製的飾片。其中尤以產自波斯及涼州的碧色寶石「瑟瑟」最為著名。敦煌莫高窟藏經洞出土的唐人寫本《敦煌廿詠》中專有一首〈瑟瑟詠〉，明確提到了瑟瑟作為首飾的使用方式：

瑟瑟焦山下，悠悠採幾年。
為珠懸寶髻，作璞間金鈿。
色入青霄裡，光浮黑磧邊。
世人偏重此，誰念楚材賢。

❀ **首飾小識：步搖**

①王長啟、高曼、唐龍,〈唐蘇三夫人墓出土文物〉[J],《文博》, 2001,(3)。

李倕頭上寶髻的兩邊，還有成對小鳥站立花枝的小型飾片，飾片下掛有可以搖動的小珠飾；依

照文物修復者觀點，它們原本可能貼於鬢髮之上，也可能是當時流行的首飾「步搖」的組件——步搖從翠鳳釵頭垂下，隨女子步步徐行而在髮髻側畔搖曳，如宋代的高承在《事物紀原》中記載：「開元中，婦見舅姑，戴步搖、插翠釵」。

類似形象，亦見於敦煌莫高窟一三〇窟、盛唐時期壁畫《都督夫人太原王氏一心供養》群像中的「女十三娘供養像」①。

①原壁畫已殘損較多，各家摹本也多有細節差異。這裡選用的是段文杰先生的摹繪版本。

▼
唐人寫本《敦煌廿詠·瑟瑟詠》
敦煌莫高窟藏經洞出土
法國國家圖書館藏

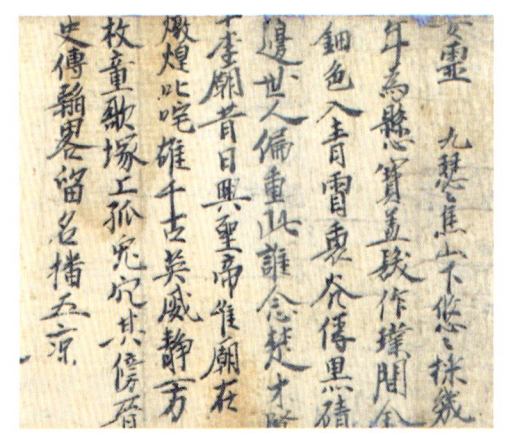

▼
都督夫人太原王氏女十三娘頭飾
段文杰摹本

① 《安祿山事蹟》。

▼
《都督夫人太原王氏一心供養》壁畫
段文傑摹本／敦煌莫高窟一三〇窟

「步搖」一名，過去是指飾有各式金花搖葉的簪釵頭飾，如前一節吳王妃楊氏所用的金絲花簪；但在盛唐以來，步搖的含義已進一步通俗化，懸掛各類飾物的簪釵均可稱為「步搖」。如張仲素〈宮中樂〉中有「珠釵掛步搖」；唐人姚汝能記錄唐玄宗天寶初年的時尚也是「婦人則簪步搖」①。此外，李倕墓又有一對雕琢小巧的組玉佩，應也是步搖上的掛件，這大約是延續了武則天時代女子盛裝頭飾的制度。

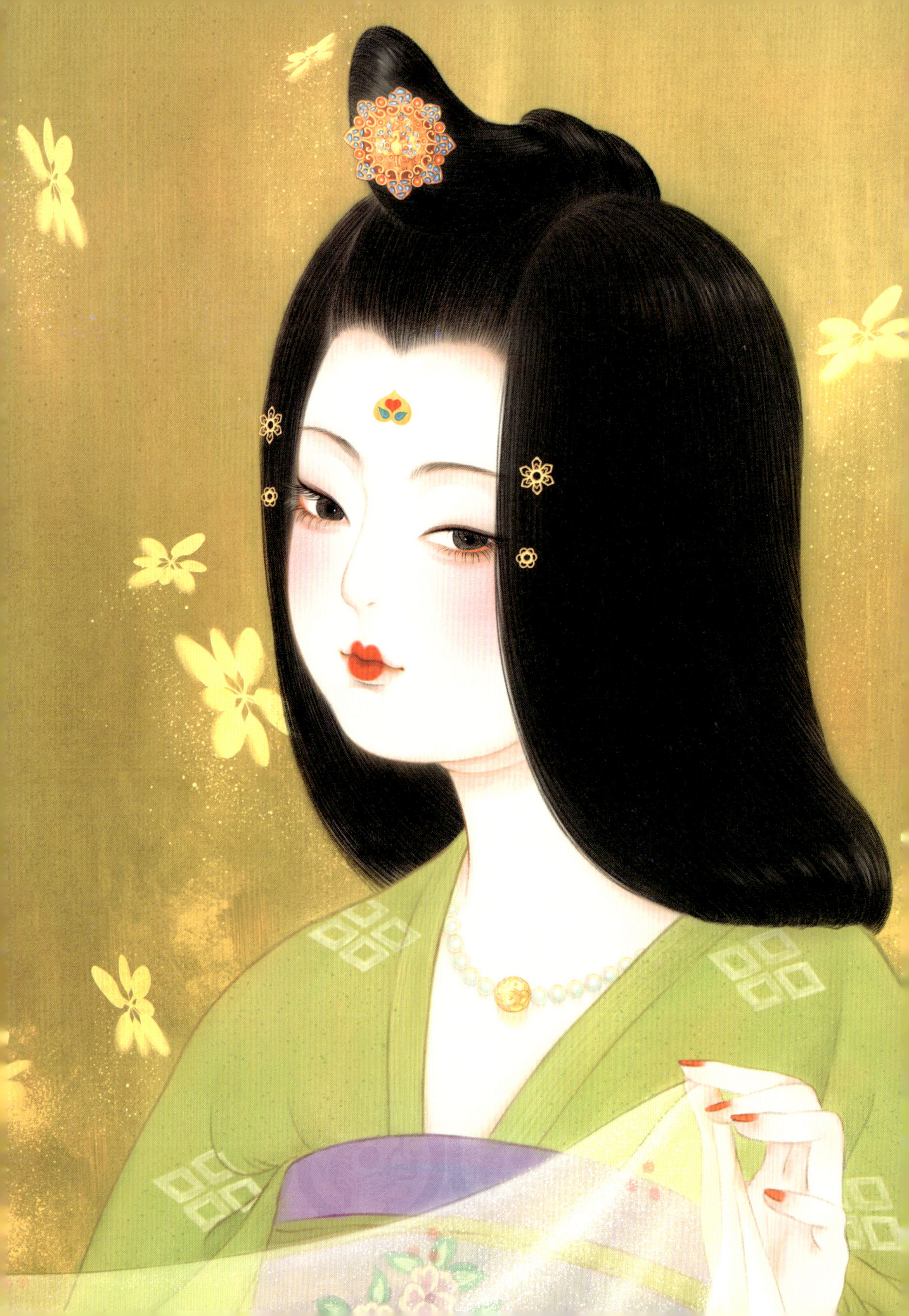

唐正議大夫行內侍上柱國雷府君夫人樂壽郡君宋氏。夫人號功德山居長。幼而溫慧，長則明敏。君子永往，哀哀未亡。惟清惟淨，齋心法堂。

宋氏

盛唐天寶 長安城裡的太平人

宋氏

1955年，陝西省文物考古工作者在西安市東郊韓森寨附近發現一座唐墓。據墓誌可知，墓主是八世紀中葉長安城中的一位高官之妻，樂壽郡君宋氏。這位夫人在丈夫去世後皈依佛法，號「功德山居長」。

天寶四載（745年），宋氏在離世之際，囑咐陪伴在側的子女為她建塔追福[1]。如此看來，宋氏身處盛世，享有榮華，子女雙全，一生似可謂安穩幸福。但剔去墓誌文字中虛美掩飾的辭藻，卻能發現事實有所參差。

宋氏祖輩世代為京兆平民，並無官位門第。然而宋氏性格溫惠明敏，年滿十五後偶被當時有權有勢的宦官雷府君看中。雷府君要聘她為妻，為使婚姻顯得門當戶對，她以高門大姓義女的身分出嫁。

雷府君雖是宦官，但勢力頗大，身為內省之

[1] 張正嶺，〈西安韓森寨唐墓清理記〉[J]，《考古通訊》，1957，(5)。

長,其妻亦能獲得命婦封號,與前朝的官員貴戚並無區別。婚後的宋氏有了樂壽郡君的封號,與丈夫「協心以理於家國,並命而登乎富貴」,膝下有過繼來的義子義女趨奉,表面上可謂榮耀富貴。

宦官娶妻在當時並非孤例。如唐玄宗朝權宦高力士亦娶妻呂氏,呂氏之父呂玄晤因此從一介小吏升至少卿之位,「子弟仕皆王傅」。呂氏之母去世時,其葬禮也因高力士的緣故,「中外贈賻送葬,自第至墓」,車馬相望不絕。然而,對於正當青春的少女而言,要陪伴宦官度過餘生,絕非理想境遇,因此有的寧願剃髮出家,有的力拒不成便以死抗爭。宋氏無可奈何地接受了命運,唯有存志於佛以求解脫。

雷府君去世後,她更加潛心修佛,將今生未盡的希望寄託於來世。臨終之際,她以「吾業清淨」、「建塔舊塋」的藉口留下遺囑,令人勿將她與宦官丈夫合葬。

宋氏夫人下葬時髮間插的金雀寶花鈿釵、頸上掛的金球水晶項飾,都是盛唐天寶年間富麗時興的式樣。如今名物研究者討論這一時期的首飾時,也多以其為典型。然而很少有人注意到,這盛飾麗服的盛唐貴婦人宋氏,曾經是多麼孤獨地踅進了歷史的縫隙。

◆ 形象復原依據

因宋氏墓發掘較早,首飾的插戴位置不明,

宋氏墓出土首飾：嵌寶金雀鈿、金珠水晶項鍊

五省出土重要文物展覽委員會，《五省出土重要文物展覽圖錄》[M]，北京：文物出版社，1958：圖版102。

金鳳寶鈿

水晶項鍊

金珠

172 | 大唐女子時尚圖鑑

夢蝶軒藏金花鈿
史超然、黃燕芳，《金翠流芳：夢蝶軒藏中國古代飾物》[M]，香港：香港大學博物館學會，2002。

這裡只能參考天寶年間流行的妝束式樣進行推測還原。頭飾插戴方式參考了武惠妃墓石槨線刻上的貴婦人形象：青絲下垂至肩，再鬆鬆上綰，於頭頂前方結一小髻，上飾花鈿。墓中還出土了各式金箔小花，這裡採用其一設計了額間花鈿。

❀ **首飾小識：花鈿金釵**

在白居易〈長恨歌〉中，描寫楊貴妃死於馬嵬坡時寫道：

> 六軍不發無奈何，宛轉蛾眉馬前死。
> 花鈿委地無人收，翠翹金雀玉搔頭。

詩中的首飾原有實物作為依託。花鈿與釵結合是盛唐時期最具特色的首飾之一，具體結構如河南偃師杏園唐開元十七年（729年）袁氏夫人墓出土的一支銀釵，釵頭綴一朵金鈿花，花後裝有可供安裝釵腳的機括。

而宋氏的花鈿正類同詩中所謂「翠翹金雀」，以細細金粒環繞出的寶相花底座中，嵌入紅、翠二色寶石；花心又以金絲累編起一隻展翅站立的金雀或金鳳。盛唐以後的詩人時常把這種金鳳鈿金釵作為追憶開元天寶盛世的遺意吟詠。中唐時王建所作〈舊宮人〉一詩道得最為分明：

> 先帝舊宮宮女在，亂絲猶掛鳳凰釵。
> 霓裳法曲渾拋卻，獨自花間掃玉階。

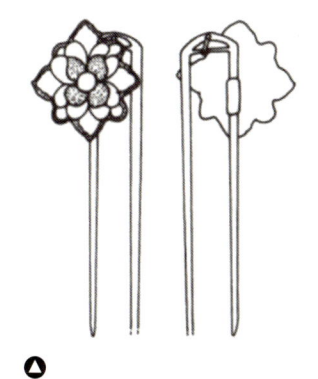

袁氏夫人墓出土花鈿銀釵／唐開元十七年，河南偃師杏園
中國社會科學院考古研究所，《偃師杏園唐墓》[M]，北京：科學出版社，2001。

又有一首〈開池得古釵〉，美人拾得的鳳釵仍是盛唐時細花、金釵結合的式樣：

美人開池北堂下，拾得寶釵金未化。
鳳凰半在雙股齊，鈿花落處生黃泥。
當時墮地竟不得，暗想窗中還夜啼。
可知將來對夫婿，鏡前學梳古時髻。
莫言至死亦不遺，還似前人初得時。

❀ **首飾小識：水精珠纓**

唐人常稱項鍊為「項瓔」或「珠纓」，即以絲線將各式珠子貫穿而成的瓔珞。當時常被用作串珠的，有一類是珍珠（真珠）。敦煌藏經洞所出唐人《雲謠集雜曲子‧天仙子》，將女子的淚珠形容成珍珠：「負妾一雙偷淚眼。淚珠若得似真珠，拈不散。知何限。串向紅絲應百萬。」

另一類則是水晶（水精）。仍是出自敦煌寫本的一首白居易佚詩〈禪月大師懸水精念珠詩〉①中寫道：

磨琢春冰一樣成，更將紅線貫珠纓。
似垂秋露連連滴，不濕禪衣點點清。
棄拋乍看簾外雨，散羅如睹霧中星。
要知奉福明王處，常念觀音水月名。

珍珠材質易朽，如今還沒有見到珍珠項鍊的實物。而篤信佛法的宋氏夫人，項上則戴有一串以水晶珠串成的項鍊，其中又串有一粒小巧的金球。

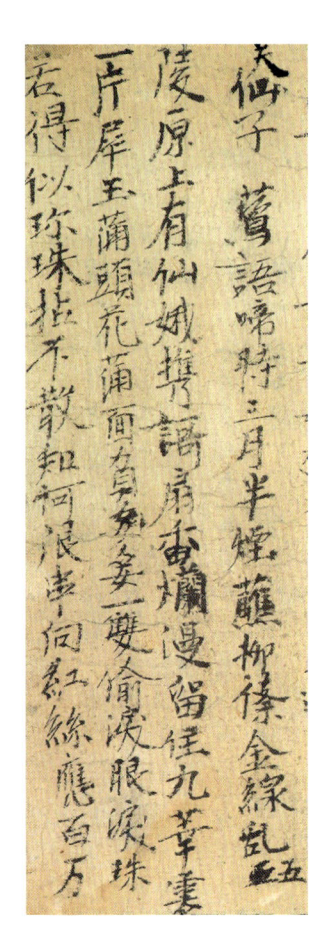

①原詩抄錄潦草，未記作者姓名。據時代稍晚的高麗朝釋子山所作《夾注名賢十抄詩》可知，本詩為白居易所作。高麗本詩句文字略有差異，此處以敦煌寫本為準。

▲
唐人寫本
《雲謠集雜曲子‧天仙子》
敦煌莫高窟藏經洞出土
英國大英圖書館藏

①西安市文物保護考古研究院，〈唐代輔君夫人米氏墓清理簡報〉[J]，《文博》，2015，(4)。

在一座埋葬於安史之亂前夕、天寶十四載（755年）的墓葬中①，出土了一串保存更加完整的項鍊，由九十二顆水晶珠、三顆藍色石珠、四枚金花托、兩顆紫水晶墜和兩顆綠松石墜串成。墓主雲安郡君夫人米氏也是宦官之妻，與宋氏有著相似的人生故事。

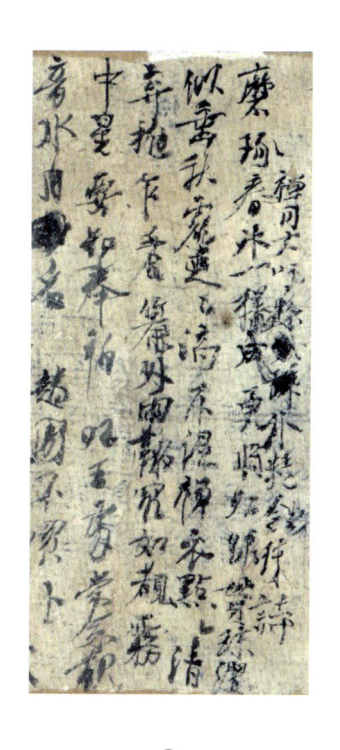

▲
唐人寫本
〈禪月大師懸水精念珠詩〉
敦煌莫高窟藏經洞出土
法國國家圖書館藏

▲
嵌寶花墜水晶項鍊
陝西西安唐米氏墓出土
西安市文物保護考古研究院，
〈唐代輔君夫人米氏墓清理簡報〉[J]，文博，2015，(4)。

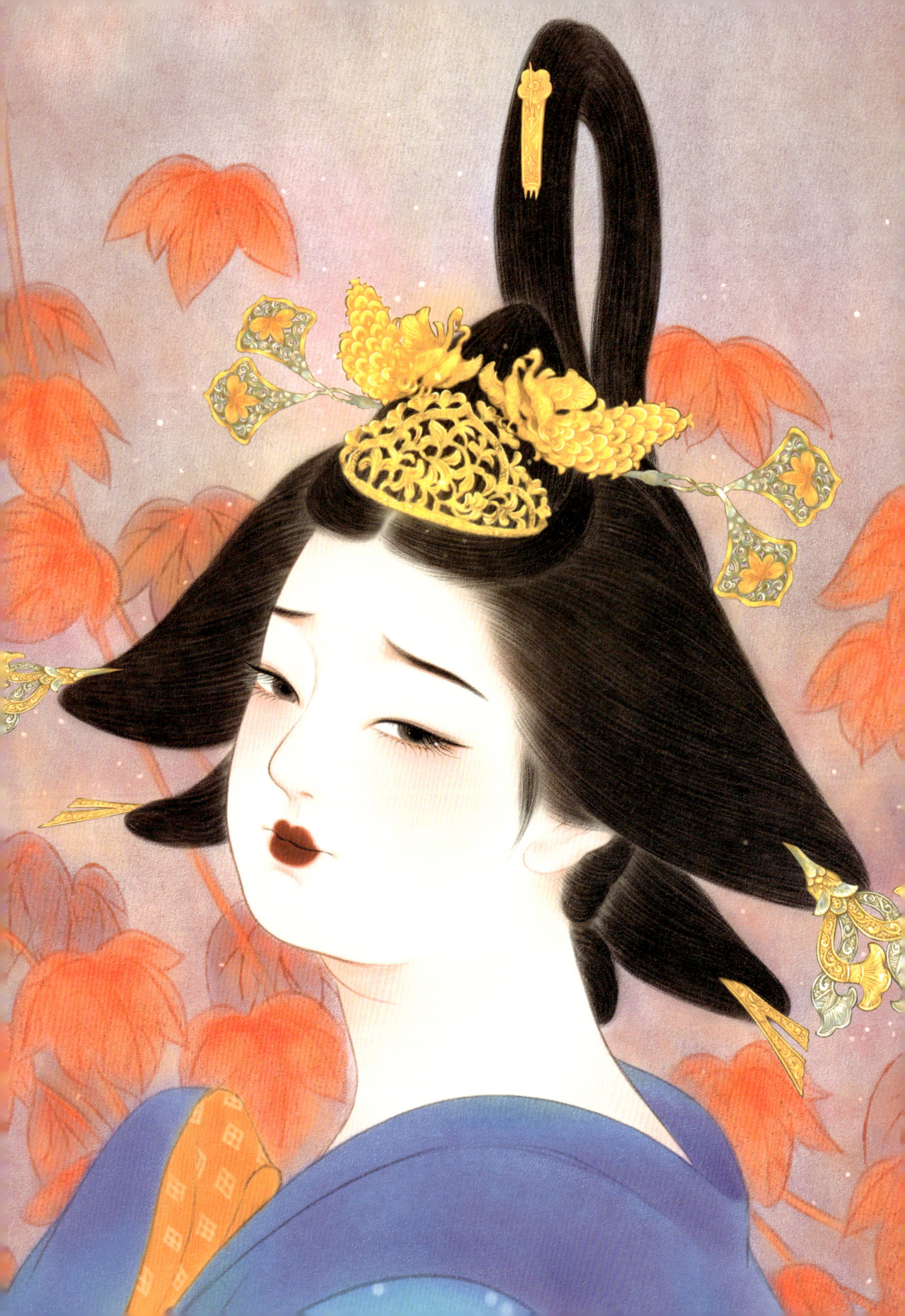

洛陽城東桃李花，飛來飛去落誰家。
洛陽女兒惜顏色，坐見落花長嘆息。
今年花落顏色改，明年花開復誰在。
已見松柏摧為薪，更聞桑田變成海。
古人無復洛城東，今人還對落花風。
年年歲歲花相似，歲歲年年人不同。

◀ 洛陽女子

中唐 大唐東都時尚

❀ 洛陽女子

　　2005年，洛陽考古工作隊發掘了一座晚唐時期的墓葬，墓中出土了一組完整的頭飾[①]。其中有鎏金銀質的小鳥、小山形飾物；又有成對的幾組鎏金銀簪，簪頭只在中心花朵、飛鳥、蜂蝶和邊緣輪廓等處鎏金，金銀相間，頗為細緻。

　　由於沒有出土墓誌，只能根據同時期出土的零散首飾實物大致推斷，這組首飾的具體年代是九世紀中葉唐文宗時期。在大唐東都洛陽，城中仕女的首飾也隨著長安時尚亦步亦趨。

①洛陽市文物工作隊，〈洛陽龍康小區唐墓發掘簡報〉[J]，《文物》，2007，(4)。

孔雀雙飛小山釵

花綬紋博鬢簪

蛾撲花紋雙頭博鬢簪

洛陽龍康小區唐墓出土的各式鎏金銀簪釵

線圖改繪自：洛陽市文物工作隊，〈洛陽龍康小區唐墓發掘簡報〉[J]，《文物》，2007，(4)。

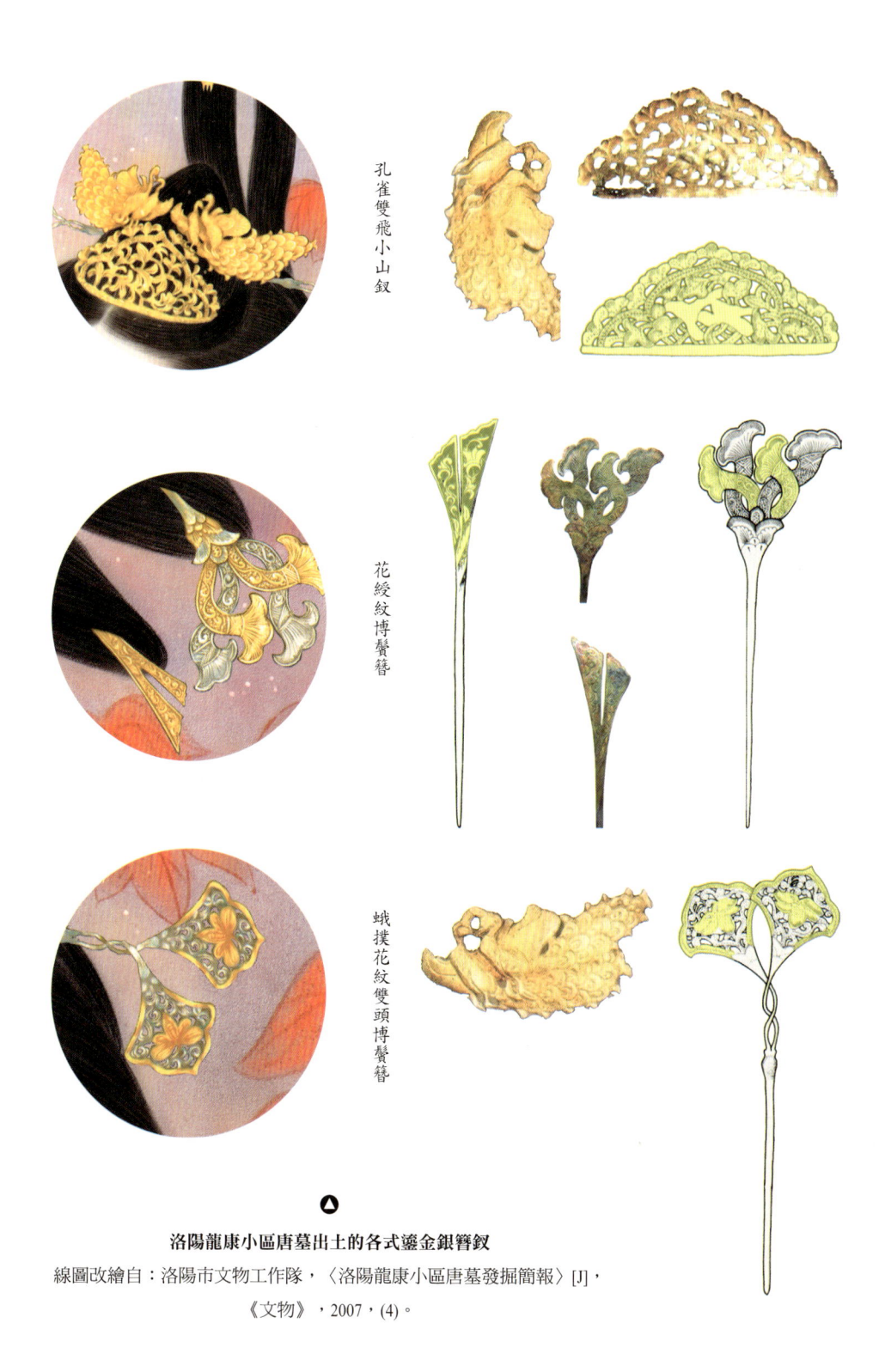

形象復原依據

由於出土資料闕如，只能參照當時的壁畫與詩作，試著勾勒出當時女子首飾的具體形象。這組首飾出土時雖缺失了完整的組合線索，但保存完整，為插戴方式的復原推測提供了可能。

長簪共三對，應是呈對稱狀插於髮間。其中一對簪首為兩片交纏花葉，鎏金緣邊，葉中鏨刻一隻展翅飛蛾；類似首飾恰可見於前文所引西安韓家灣唐墓壁畫中。據此可知，這類式樣的簪與當時女子流行髮式密切相關——頭頂先梳掠起一束形如小山的「椎髻」，其後托起高大鬟髻；鬟髻可用一支交纏花葉的大簪直豎起真髮，即所謂的「挑鬟」。

段成式有詩作〈柔卿解籍戲呈飛卿〉，以詩筆為溫庭筠愛姬柔卿的形容寫生，她的髮式便是「出意挑鬟一尺長，金為鈿鳥簇釵梁」。

鬟髮的梳理也與頭飾密切相關。段成式的另一首詩〈戲高侍御〉中稱「七尺髮猶三角梳」、「兩重危鬢盡釵長」，兩鬢青絲被美人別出心裁地分作兩重梳起，形如三角，是詩人為高侍御愛姬阿真所梳髮式描繪的一幀寫實小影。

這種「兩重危鬢」自也需要簪釵支撐，於是同墓出土的另兩對長簪便覓得了歸處：一對簪首較大，花萼中開出四條相互纏繞的綬帶，頂端又分別生出花瓣，可插在前鬢；一對簪首較小，端頭分叉，兩面均以魚子紋為地，一面飾卷草紋，一面飾花葉紋，可掛在後鬢。此外，墓中還出土有一雙梅花頭釵，釵腳分作三股，作用自是為了使插戴更為穩固，用以壓髻。

❋首飾小識：博鬢簪

從考古發現來看，扇形花葉形大簪的流行期，是在九世紀上半期。由於缺乏文獻記載，我們難以知曉它在唐朝的確切名稱。因其形態最初或可當作命婦禮儀頭飾中一雙博鬢的通俗式變體，這裡暫將這類簪式稱為「博鬢簪」。如陝西歷史博物館所藏的一支，形態是將兩枚博鬢併在一起，其上裝飾搖動的小花；其插戴方式一開始也與博鬢類似，一式兩支，成對插於高聳的髮髻兩側，恰如當時詩人李賀在〈十二月樂辭・二月〉中形容的「金翅峨髻愁暮雲」。

▲
博鬢簪
陝西歷史博物館藏

▲
西安西郊蓮湖區出土銀簪
西安市文物保護考古所，《西安文物精華：金銀器》[M]，西安：世界圖書出版西安有限公司，2012。

▲
鎏金銀簪
南京博物院，《金色中國：中國古代金器大展》[M]，南京：譯林出版社，2013。

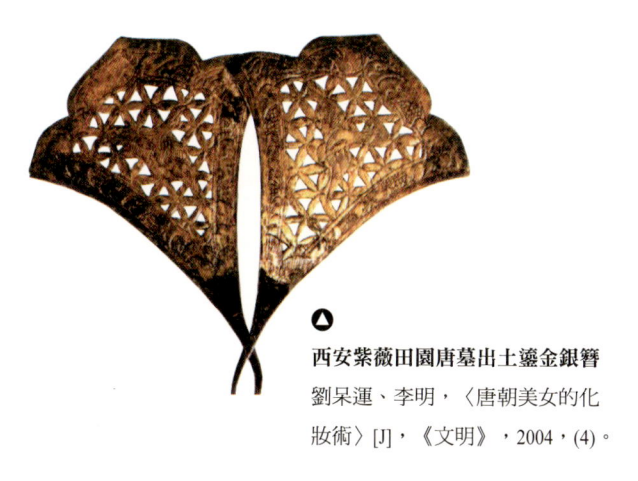

▲
西安紫薇田園唐墓出土鎏金銀簪
劉呆運、李明，〈唐朝美女的化妝術〉[J]，《文明》，2004，(4)。

少了禮制的制約，這類簪的式樣開始豐富起來。如西安市西郊蓮湖區出土的一支[1]，簪首線條更為流暢，形如一片舒展的花葉，中心紋飾是卷草紋上展翼飛起一隻鳳鳥。簪式進一步發展，將簪首葉片或花扇一增為二，做成兩片交纏之狀。如前述洛陽龍康小區唐墓出土的一雙、西安紫薇田園唐墓出土的一雙。

簪的插戴方式，除了傳統式成對插於髮髻兩端外，又可以單獨一支直豎頭頂，作「挑鬢」之用。這種簪式大約也與當時流行的誇張髮式、寬博衣袖裙裾一般，隨朝廷接連發布的禁奢令而有所收斂。於是接下來的式樣，簪頭收窄了許多，如河南陝縣大中六年「有唐昌黎韓氏女小字干兒」墓中出土的鎏金銅簪[2]，紋飾為連珠紋上鏨刻龍紋、花卉紋。

陝西戶縣唐墓中出土的一雙鎏金銀釵式樣接近，釵頭紋飾雕鏤得更加纖巧細緻，外緣繞以一圈流雲，其中鏤刻卷草或波濤做地，一支飾小兒引錦雞，一支飾小兒引祥雲。再後來，扇頭在簪首退居末位。西安出土的一對摩羯紋銀簪頭，是晚唐仍留有一些博鬢簪遺意的式樣。

[1] 王長啟，〈西安市出土唐代金銀器及裝飾藝術特點〉[J]，《文博》，1992，(3)。

[2] 趙玉亮，〈中國國家博物館藏唐大中六年韓干兒墓出土器物〉[J]，《中國國家博物館館刊》，2021，(6)。同類簪釵又見西安市南郊惠家村唐大中二年（848年）墓出土的一對，可見：閻磊，〈西安出土的唐代金銀器〉[J]，《文物》，1959，(8)。

摩羯紋銀簪頭
西安博物院，《金輝玉德：西安博物院藏金銀器玉器精萃》[M]，北京：文物出版社，2013。

陝西戶縣唐墓出土銀鎏金釵
揚之水，《中國古代金銀首飾》[M]，北京：紫禁城出版社，2014。

① 英國大英圖書館藏敦煌寫卷，正面為〈韓朋賦〉，背面即《雜集時用要字》。

❀ 首飾小識：小山重疊金明滅

小山重疊金明滅，鬢雲欲度香腮雪。
懶起畫蛾眉，弄妝梳洗遲。
照花前後鏡，花面交相映。
新帖繡羅襦，雙雙金鷓鴣。

——（唐）溫庭筠〈菩薩蠻〉

溫庭筠〈菩薩蠻〉首句「小山重疊金明滅」，其中「小山」所指頗有爭議，存在三種說法：一謂屏山，即床上所置，繪有泥金山水的屏風；二謂山枕，即上高下低、形如山體、貼有金飾的枕；三謂眉額，即佳人繪如遠山的眉形與額頭貼飾的金黃花鈿。但屏山、枕山二說是寫居室陳設，屬於「身外之物」，與以下全寫女子妝束打扮的情景終有隔閡；而山眉又與下句「懶起畫蛾眉」重複。三種說法都有難解之處。

沈從文先生在《中國古代服飾研究》一書中提出，唐代女子喜愛在髮髻上插戴幾把小梳，露出半月形的梳背當作裝飾，有多達十餘把的，「小山重疊金明滅」，即為女子髮間金質小梳重疊閃爍的情形而詠。結合唐時女子的妝束形象而言，這一說法是大致貼切的。如當時詩人陳陶〈西川座上聽金五雲唱歌〉一詩中形容女歌者金五雲妝束：「低叢小鬢膩鬟鬠，碧牙鏤掌山參差」。

女子將梳插在髮間，露出的梳背自然成為裝飾重點。唐人將此俗稱為「掌」。敦煌石窟藏經洞所出唐人文書《雜集時用要字》羅列女子首飾時有三種梳名——「鈿掌、月掌、牙梳花」①，「鈿掌」

就梳背嵌有寶鈿裝飾而言,「月掌」就梳背形如半月的式樣而言,「牙梳花」就其牙骨材質而言。

　　貴族女子的墓中常有金鈿掌牙梳出土,如隋唐之際的高門望族獨孤羅之妻賀若氏墓中,出土有一柄金筐寶鈿雙鵲戲荷金梳背(下端原另嵌象牙雕琢的梳齒);甘肅武威市南營青嘴灣唐墓出土有一把骨梳,係整體雕琢而成,梳背上也用金銀螺鈿裝飾出花枝、飛蝶與果實,其主人是盛唐開元年間,嫁與吐谷渾王族慕容曦光為妻的太原郡夫人武氏。西安何家村盛唐金銀器窖藏中的金梳背,彎月形的梳背上又以金絲金粟盤結出繁複的葡萄藤蔓花飾。

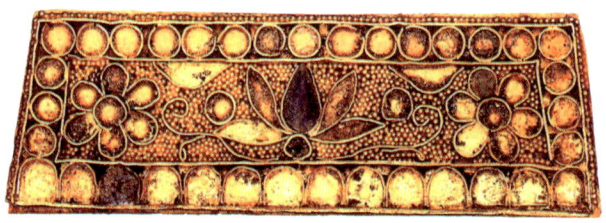

初唐賀若氏墓出土金梳背

圖為金梳背之正反面

齊東方,《中國美術全集:金銀器玻璃器1》[M],合肥:黃山書社,2010。

太原郡夫人武氏墓出土嵌螺鈿牙梳

甘肅省文物局,《甘肅文物菁華》[M],北京:文物出版社,2006。

①陝西省考古研究所，《唐李憲墓發掘報告》[M]，北京：科學出版社，2005。

盛唐天寶時期，貴婦人流行在頭後斜插一把寬梳。如唐讓皇帝李憲墓石槨線刻上的女官①，髮後刻畫有裝飾珍珠的小梳。中唐以後，時尚流行在髮髻前方對插一對或數對小梳。如唐代繪畫《揮扇仕女圖》中畫有一位髮髻前對插梳的女子。這類梳有實物為佐證，如西安市雁塔區曲江鄉三兆村唐墓、西安西郊曹家堡唐墓，均出土有鴛鴦戲花紋金梳背，從梳背紋樣上看，一把做正插，一把做倒插。

到了九世紀初，隨著高聳椎髻髮式的流行，女子又時興在椎髻上飾一排小梳。前述唐文宗太和三

盛唐插梳女性形象
讓皇帝李憲墓石槨線刻／唐玄宗天寶元年（742年）
本書作者自拓片取樣

西安何家村唐代窖藏出土金梳背
陝西歷史博物館，等。《花舞大唐春——何家村遺寶精粹》[M]，北京：文物出版社，2003。

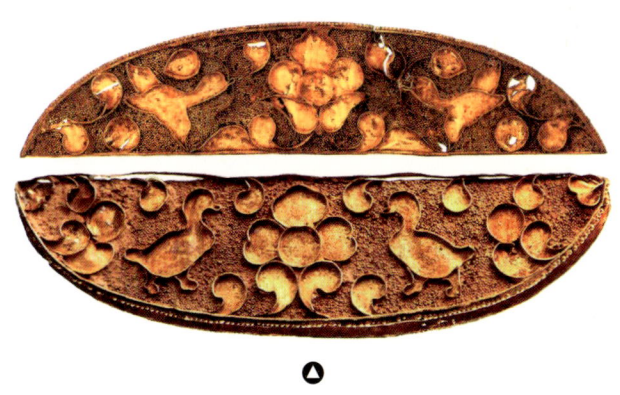

金梳背
（上）西安博物院，《金輝玉德：西安博物院藏金銀器玉器精萃》[M]，北京：文物出版社，2013。
（下）張海雲，廖彩梁，張銘惠，〈西安市西郊曹家堡唐墓清理簡報〉[J]，《考古與文物》，1986，(2)。

中唐插梳女性形象
唐人《揮扇仕女圖》局部

年（829年）河南安陽趙逸公墓壁畫的女子，即做如此妝束。洛陽伊川鴉嶺唐齊國太夫人墓出土有一組以白玉、水晶、琥珀雕刻而成的梳背，其上裝飾細巧的紋飾，底部平直有榫，想必原應裝有木質梳齒。該墓的時代是唐文宗長慶四年（824年），因此這組梳背正是配合時世妝束的插梳實物[①]。

除了插梳，還有一種形態恰如雲頭或小山形的飾件流行於晚唐。它們應也是從插梳發展而來，卻進一步省略了梳齒，純起裝飾作用，工藝也比插梳

①洛陽市第二文物工作隊，〈伊川鴉嶺唐齊國太夫人墓〉[J]，《文物》，1995，(11)。

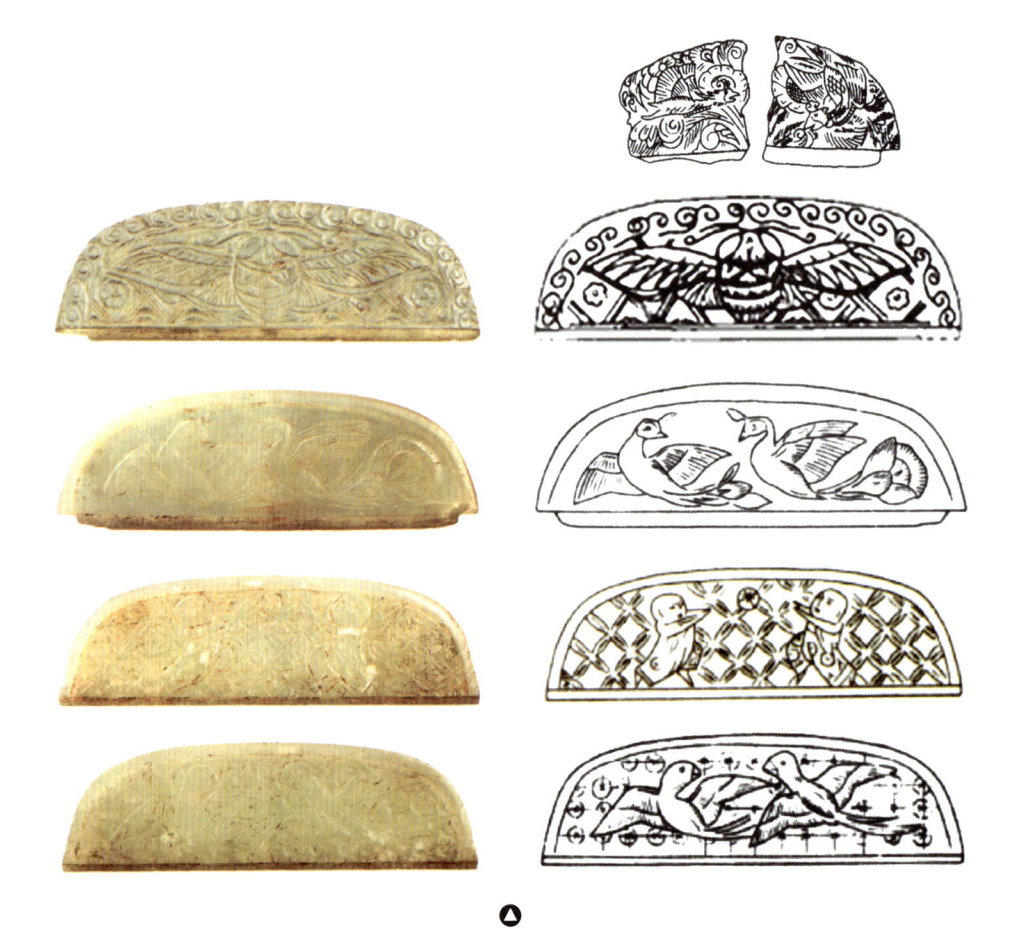

齊國太夫人墓出土各式梳背
鄧本章，《中原文化大典・文物典：玉器》[M]，鄭州：中州古籍出版社，2008。

更加輕薄，可以直接以簪釵掛在髮髻正中。

本節復原繪圖中的一組首飾，時代晚於前述插梳形象，恰好也有小山形鎏金銀飾片兩枚，可供女子重疊戴於同樣形如小山的「椎髻」前後——這正是〈菩薩蠻〉寫作時代的流行式樣。烏髮與透雕鏤空紋飾的金質小山相襯，也正合「金明滅」情景。

河南偃師杏園唐墓出土一片銀飾，以極薄的銀片鏤刻而成，表面又經鎏金，正中升起一朵小花，兩側生出翻卷交纏的狹長葉片。廣州皇帝崗晚唐墓出土一片形作鋪展的葉片，其上盛開三朵百合。

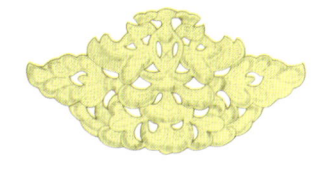

▲
洛陽龍康小區唐墓出土的小山形鎏金銀飾
本書作者改繪自：洛陽市文物工作隊，〈洛陽龍康小區唐墓發掘簡報〉[J]，《文物》，2007，(4)。

▲
廣州皇帝崗晚唐墓出土小山形飾
廣州市文物管理委員會，〈廣州皇帝崗唐木槨墓清理簡報〉[J]。《考古》，1959，(12)。

▲
偃師杏園唐墓出土小山形飾
中國社會科學院考古研究所，《偃師杏園唐墓》[M]，北京：科學出版社，2001。

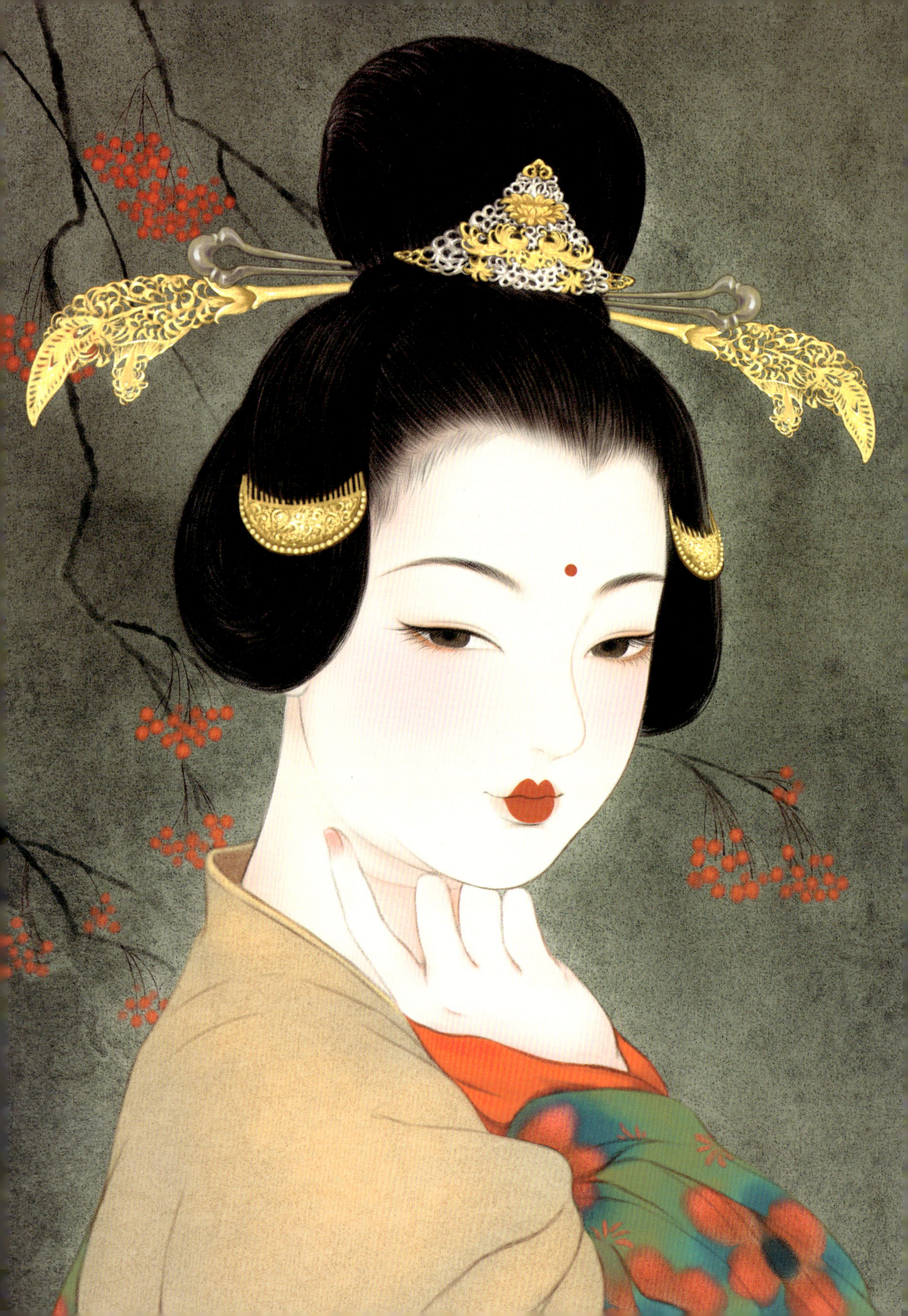

傾國傾城不知價，一寸橫波剪秋水。
妝成只對鏡中春，年幼不知門外事。
琉璃階上不聞行，翡翠簾間空見影。
昨日良媒新納聘，旋拆雲鬟拭眉綠。

◀ 長安女子

晚唐 敦煌殘夢

❀ 長安女子

　　2002至2004年，陝西省考古研究所長安考古隊在西安南郊發掘了一組晚唐墓葬，其中兩座墓中出土了插戴次序保存完好的銀鎏金花釵頭飾組合[①]。經考古工作者對墓葬線索的科學分析，推測墓葬的主人很可能都是長安城內年少而亡的貴家女子。然而疑點也產生於此處——她們雖擁有華麗的首飾，但墓中其餘陪葬品卻簡單寒樸，甚至顯得草率。埋葬她們的親人沒有書寫墓誌，因此她們的具體人生經歷很難為人知曉。

　　然而，在幾千里外的敦煌石窟中，卻留有相關的線索。敦煌莫高窟第九窟晚唐壁畫中，繪有一列行香奉佛的貴婦供養人像；她們頭上插戴的首飾，與西安這兩座墓葬中出土的實物幾乎完全一致。由此對照，得以確定墓葬主人身處的時代。在敦煌石窟藏經洞發現的眾多唐人寫本中，更有一首頗為唐

①上海博物館，《周秦漢唐文明研究論集》[M]，上海：上海古籍出版社，2009。

人傳抄卻早已被後人遺忘的長詩，記錄了當時某位女性的故事：

> 中和癸卯春三月，洛陽城外花如雪。
> 東西南北路人絕，綠楊悄悄香塵滅。
> 路旁忽見如花人，獨向綠楊陰下歇。
> 鳳側鸞欹鬢腳斜，紅攢翠斂眉心折。
> 借問女郎何處來，含顰欲語聲先咽。
> 回頭斂袂謝行人，喪亂漂淪何堪說……

中和三年（883年）春，詩人在洛陽城外遇見一位從長安城逃難而來的女子「秦婦」，聽她講起自身過去的遭遇——她原是長安城中的貴家女子，過著閒逸安樂的生活。然而廣明元年（880年）的一日，黃巢率兵攻入長安，唐僖宗如其祖唐玄宗一樣拋下長安城，出逃四川。城中百姓四散奔逃，富貴人家將舞伎歌姬全都拋棄，貧苦人家更是顧不了家中稚兒幼女。「秦婦」的四鄰女伴，有的抗暴被殺，有的投井自盡，有的被縱火燒死，有的即便僥倖逃生也遭擄掠。

她為了偷生，只得強顏歡笑隨軍而去。經歷了家破人亡的淒惶、流離轉徙的悲苦，她與女伴們在心中暗暗期待著唐軍收復長安。等到唐軍兵馬圍城，城中百姓已餓死半數。過去滿裝珠寶錦繡的內庫已一炬成灰，曾經儀表堂堂的公卿顯貴，如今屍骨散落街頭無人收拾。她趁亂逃出，但路上官軍所過之處，仍是燒殺搶掠後的一派荒涼。她沒有別的辦法，只有一路向著尚且平安的江南逃去……詩文到此戛然而止。

這是晚唐詩人韋莊的〈秦婦吟〉。他如實記錄

晚唐女供養人像

史葦湘摹本／敦煌莫高窟第九窟

這場浩劫中「秦婦」們的血淚，百姓深為觸動，眾口相傳，爭相將詩句刺在屏風上、繡在障子上，韋莊也得名「秦婦吟秀才」。黃巢起事失敗後，大唐雖暫時恢復了，但人們心中那金碧輝煌的長安記憶已成迢遞舊夢，徒留殘垣斷壁、滿目淒涼。與「秦婦」遭遇類似的女子依然沒能迎來安穩的生活。

中和四年（884年）七月，一眾女子被唐軍耀武揚威地當作俘虜押送至唐僖宗面前。她們均出身長安世家大族，卻被黃巢擄掠為姬妾。唐僖宗責問她們：「妳們都是朝廷勛貴子女，家族世受國恩，為何屈身從賊？」為首的女子凜然答道：「國家以百萬之眾，尚不能抵禦狂賊凶逆，以致失守宗祧，播遷巴蜀；今陛下以不能拒賊之罪苛責一女子，置公卿將帥於何地？」僖宗無言以對，不再問話，下令將她們處死於市。人們同情她們，爭相以酒送行，但為首的女子不飲不泣，臨刑前神色肅然。

〈秦婦吟〉一詩刺到了朝廷的痛處，此後韋莊為避禍，諱言此詩，竟使它最終失傳。直到千年後敦煌石窟藏經洞被開啟，大量唐人寫本被發現，

〈秦婦吟〉的全貌才得以再度為人所見。開篇提到的兩位頭飾華麗的長安女子，正身處這樣的時代，也極有可能是這場長安浩劫的受難者，「朝攜寶貨無人問，暮插金釵唯獨行」。她們頭上鳳側鸞歆的一脈幽情，終究暫別了彼時中原連綿的戰火，帶著一些大唐餘暉中行香奉佛的安然，在敦煌石窟中纏綿不斷，於壁畫上留下一點永恆的追思。

◆ 形象復原依據

圖中首飾參考了考古發掘中保存最為完整的一組（墓葬編號M412）進行推測復原。梳起的髮髻先用一對素面花頭銀釵進行固定，再將一對鎏金雀鳥花結紋銀花釵分插髮髻左右兩側。對鳳紋小山型飾片背後裝有釵腳，戴在頭頂正中。整體妝束參考了敦煌莫高窟第九窟壁畫中所繪女供養人的形象。

▼

晚唐女供養人像

敦煌莫高窟第九窟
中國敦煌壁畫全集編輯委員會，《中國敦煌壁畫全集·8·晚唐卷》[M]，天津：天津人民美術出版社，2006。

小山釵

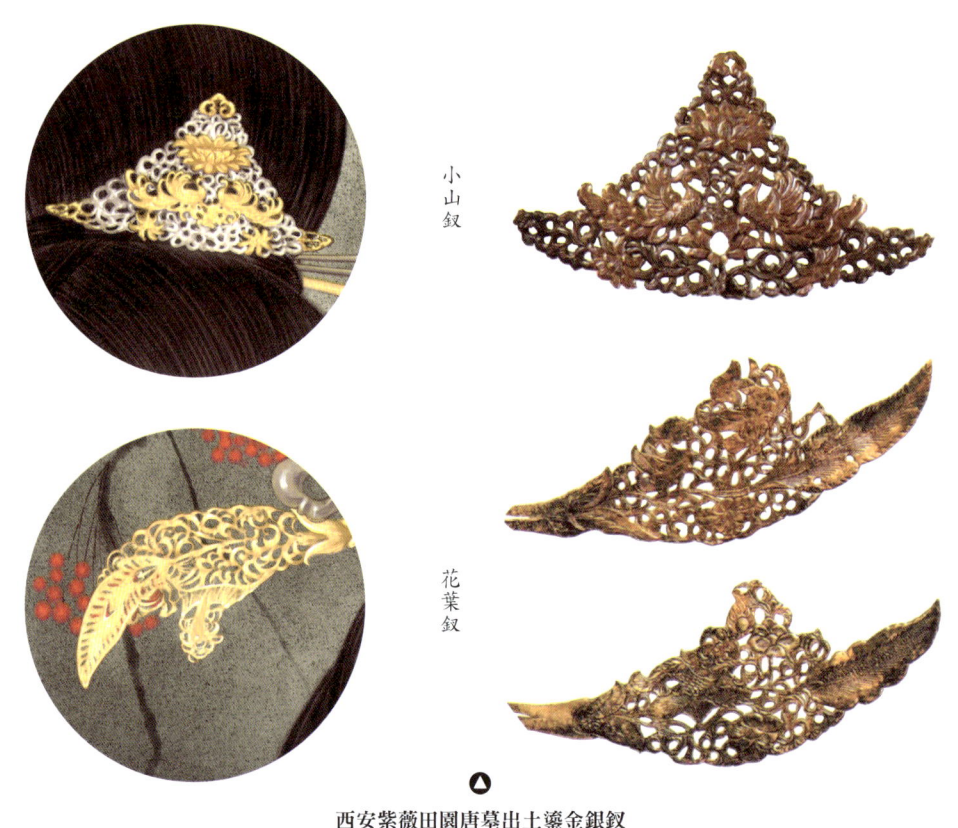

花葉釵

西安紫薇田園唐墓出土鎏金銀釵

劉呆運、李明，〈唐朝美女的化妝術〉[J]，《文明》，2004，(4)。

❀首飾小識：花釵

　　這裡所講的「花釵」，不同於前文提到的唐代禮制中的「花樹」釵，而是一種晚唐時新興的首飾式樣。目前所見時代較早的一組花釵，出土於西安惠家村大中二年（848年）墓[①]。此時期正處亂世，藩鎮割據，戰亂頻繁，唐朝統治名存實亡。花釵的流行，大約也正因為這樣的背景。命婦們已無力置辦耗費奢侈的鑲嵌金筐寶鈿的花樹禮冠，只得退而求其次，採用略具其意的替代型頭飾「花釵」。

①閻磊，〈西安出土的唐代金銀器〉[J]，《文物》，1959，(8)。

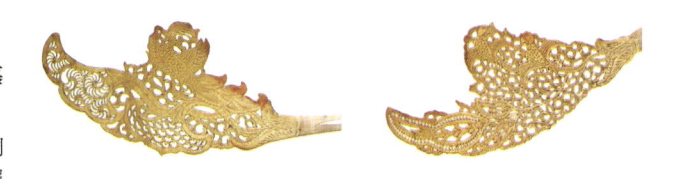

陝西銅川新區西南變電站唐墓出土鎏金銀釵

銅川市考古研究所，〈陝西銅川新區西南變電站唐墓發掘簡報〉[J]，《考古與文物》，2019，(1)。

唐人寫本《時用雜集要字·花釵部》

敦煌莫高窟藏經洞出土
英國大英圖書館藏

花釵的製作方式，是以一整根銀條，捶製出長長的釵腳，和薄如紙片的釵頭。釵頭的外輪廓大多類似，呈Y字形；其中鏨刻剪鏤出的繁複圖案卻各具匠心——通常為一朵花萼中開出一簇纏枝花草；花草一側又另起一分岔，裝飾銜花枝或綬帶的瑞鳳、成雙的鸞鵲鴛鴦鸂鶒、撲花的飛蛾等諸多花樣；之後再將釵整體鎏金，使得效果仍如金釵一般。

隨著花釵的流行，它逐漸脫離禮制束縛，使用變得廣泛而日常，式樣也出現了幾類變體。敦煌石窟藏經洞所出唐人寫本《時用雜集要字》中專列有「花釵部」，其下將花釵具體分為攏頭花、旋風花、兩支花，均可以與文物相對照。

「攏頭花」是就花釵攏髮插頭的功用而言。「旋風花」、「兩支花」應指式樣更繁複的花釵：將釵頭由一增作二的，當為「兩支花」，如西安市西郊出土的鎏金花鳥紋銀釵；將兩支釵頭的花莖加以擰旋纏繞的，當為「旋風花」，如陝西歷史博物館藏的一支鎏金鬧蛾撲花卷蔓草紋銀釵。

「兩支花」式花釵
西安博物院藏

「旋風花」式花釵
申秦雁，《金銀器（陝西歷史博物館珍藏）》[M]，西安：陝西人民美術出版社，2003。

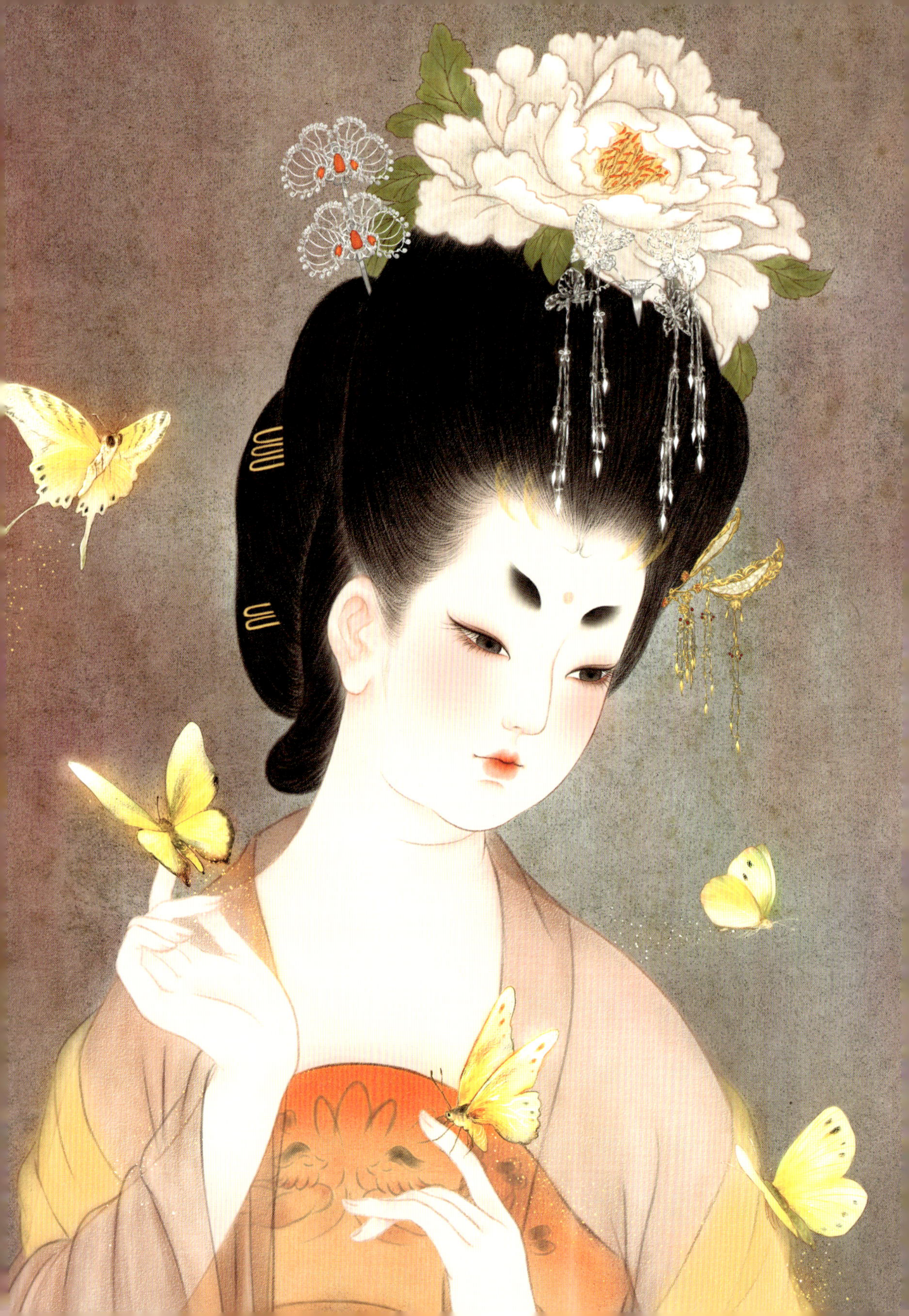

明月圓時休正面，烏雲堆處莫回頭。
妝台軟掠輕梳罷，留與南唐周昉畫。

◀ 湯氏

五代南唐

簪花仕女圖之謎

✹ 湯氏

1956年，安徽省合肥市西郊發現一座五代南唐時期的墓葬[1]。根據墓中一方木質買地券上的墨書文字可知，墓主人是南唐一位姓湯的貴婦人，有著「縣君」（五品官員之母或妻）封號，葬於保大四年（946年）。湯氏墓雖小，出土文物不多，買地券上亦未留下其生平故事，但她頭上首飾卻與傳世名作《簪花仕女圖》的繪製時代與作者問題有關。

過去人們長期將《簪花仕女圖》視為唐朝畫家周昉的作品，如今博物館展覽唐代文物時，也往往會配上《簪花仕女圖》中的人物形象作對照示意。似乎這樣一件傑出的作品，不配上一位赫赫有名的作者與大唐的煌煌盛世，就會顯得遜色——這原是「愛之欲其生」的意思。然而對照出土的雕塑與壁畫來看，唐代女性的妝束、髮式與《簪花仕女圖》全然不同。

[1] 石谷風、馬人權，〈合肥西郊南唐墓清理簡報〉[J]，《文物》，1958，(3)。

①謝稚柳，《唐周昉「簪花仕女圖」的時代特性》[M]／謝稚柳，《鑑餘雜稿》，上海：上海人民美術出版社，1979。

在二十世紀，書畫大家謝稚柳先生依據畫面上仕女妝束特徵等細節，已提出該畫繪製於五代南唐的觀點①。論據之一，是陸游在《南唐書》中記載，南唐後主李煜的大周後，曾開創「高髻纖裳、首翹鬢朵之妝」的裝束時尚，圖中女子形象正可與之相印證；論據之二，是南唐陵墓中出土的女性陶俑，髮式衣裝均與畫上相似。

蝶戀花銀絲步搖釵　　鑲琥珀珠銀絲雙蝶釵　　鎏金銀鑲玉步搖釵

南唐湯氏墓出土頭飾

湯氏縣君頭上的首飾實物，進一步落實了謝稚柳先生的推論。中有鎏金銀鑲玉步搖釵一件、蝶戀花銀絲步搖釵一件、鑲琥珀珠銀絲雙蝶釵一件，又有若干壓髻的U形長釵。它們不僅式樣與《簪花仕女圖》上繪製的類似，而且出土時尚未移位，插戴位置也與畫中接近。有了首飾實物、人物雕塑與文獻記載相對照，《簪花仕女圖》繪於五代南唐應是確論。

① 揚州博物館，〈江蘇邗江蔡莊五代墓清理簡報〉[J]，《文物》，1980，(8)。

🌸 形象復原依據

不同於唐代的對稱式插釵方式，五代時期的江南地區，流行在高大髮髻上插飾不對稱的簪釵。早在五代楊吳便有此時尚，如江蘇揚州吳順義四年（924年）墓與邗江蔡莊吳乾貞三年（929年）潯陽公主墓①，均出土有高髻上飾銅花釵的木質女俑。雖花釵式樣仍與晚唐花釵接近，但插戴方式已有所不同：一支斜插向上，相對一側的一支斜插向下。因此畫中鎏金銀鑲玉步搖釵與鑲琥珀珠銀絲雙蝶釵做如此對角斜插狀態；另有銀絲四蝶步搖釵一支，插於頭頂高髻正前方。這種首飾組合方式正與《簪花仕女圖》相同，因此整體服飾、妝容、髮式均參照《簪花仕女圖》中形象繪製。

🔽
頭飾銀釵的女俑
江蘇揚州墓出土／吳順義四年（924年）
南京大學歷史學院文物考古系，揚州市文物考古研究所，〈江蘇揚州市秋實路五代至宋代墓葬的發掘〉[J]，《考古》，2017，(4)。

✳ 鎏金銀鑲玉步搖釵

釵體為銀鎏金，釵頭以銀絲串連三個刻花葉紋的花飾接頭，分別連接釵腳與附著的花釵飾片。花

頭飾銀釵的女俑
潯陽公主墓出土／吳乾貞三年（929年）

周汛，高春明，《中國歷代婦女妝飾》[M]，上海：學林出版社，1988。

五代佚名《簪花仕女圖》局部
遼寧省博物館藏

釵飾片有二，以銀片雕鏤出花葉，中心鑲嵌雕花玉片。花釵下以銀絲懸掛鏤空銀花片與菱形銀片小墜構成步搖飾。釵頭各飾件可拆卸組裝。

❀ **首飾小識：結條釵**

湯氏縣君的首飾中最具有前朝風格的一件，是斜插於髮髻頂部的鑲琥珀珠銀絲雙蝶釵。釵頭接續一段銀絲扭製的彈簧，彈簧上一前一後焊接兩枚菱形銀花片，上棲以銀絲編結的蝴蝶，蝴蝶周身又裝飾有小粒琥珀珠飾，式樣恰如溫庭筠〈菩薩蠻〉中所謂「釵上蝶雙舞」。

同出的一件蝶戀花銀絲步搖釵，釵頭做出雲片，上接四枚彈簧，其二以六瓣花座分別托起一隻銀絲編成的蝴蝶，另二則是直接在彈簧上接出銀絲絞纏的花朵；蝶、花之下，接起細細銀絲、小小銀片串成的步搖墜飾。

第二篇　琳琅 | 201

◀ 蝶戀花銀絲步搖釵（局部）

◀ 鎏金銀鑲玉步搖釵玉片拓片
石谷風、馬人權，〈合肥西郊南唐墓清理簡報〉[J]，《文物》，1958，(3)。

　　唐末蘇鶚所撰的筆記《杜陽雜編》中有一則極浪漫的傳說，與這類蝴蝶式樣的首飾相關：

　　傳說唐穆宗在宮殿前種植有千葉牡丹，開花時，每到夜裡，便有數以萬計黃白色的蝴蝶群集於花間，而且彼此間光輝照耀，直到破曉方才離去。宮人試圖以羅巾撲蝶，一無所獲。直到穆宗張設羅網，才捕到數百隻放在宮殿內，供妃嬪追逐娛樂。到了天明，人們發現蝴蝶竟都是以金玉製成，形態極為工巧。於是宮人們用絲線繫住蝴蝶的腳，用作首飾。到了夜裡，盛放這些首飾的妝奩也發出了光芒。最終，人們發覺，這些蝴蝶都是宮中儲藏的金錢玉屑化成的。

　　據此可知，這類金玉蝴蝶首飾大概是從唐末的宮廷中流行開來。其具體工藝也有文物、詩文可對看。

以金屬細絲編結器用的工藝，在唐代被稱為「結條」。這從法門寺地宮出土〈隨真身衣物帳〉上所記「結條籠子」及相應實物得到了確證。這種工藝也常運用在女子的首飾上。隋朝李靜訓墓出土的金結條飛蛾頭飾，編結工藝尚很規整結實；到了中晚唐時期，作為編結首飾的金銀絲則被製作得纖軟細弱。如中唐詩人王建〈宮詞〉所言：

蜂鬚蟬翅薄鬆鬆，浮動搔頭似有風。
一度出時拋一遍，金條零落滿函中。

以金銀絲編結的蜂、蟬等飾物，在長簪上輕輕顫動。美人在妝成出門之前，將這些首飾翻出挑揀一遍，纖巧脆弱的金結條首飾零落滿函。五代時流行的結條式頭飾不止於此，如另一支銀絲四蝶步

法門寺地宮出土銀結條籠子
陝西省考古研究院，《法門寺考古發掘報告》[M]，北京：文物出版社，2007。

搖釵，釵頭接續兩朵銀花與兩個銀絲扭製的彈簧，上均棲有銀結條的蝶；蝶下還各自墜下一串纖巧的步搖掛飾。同類釵飾又見於江蘇揚州南唐升元元年（937年）田氏墓、河北定州靜志寺塔基地宮等處。

此外，山西永濟市博物館收藏有一組極為精巧的鎏金結條釵，其中一式仍是在小彈簧上另附掛飾；另一式則是直接以細絲撐旋出花葉來。

五代詩人和凝的〈宮詞〉寫後宮之中的一角閒愁，仍有結條釵的身影——春晴的一日，隔著紅羅窗紗看去，倦繡的宮人斜倚熏籠，連多嘴的鸚鵡都睡了，唯有輕風帶起她頭上結條釵的一陣微微顫動：

> 紅羅窗裡繡偏慵，嚲袖閒隈碧玉籠。
> 蘭殿春晴鸚鵡睡，結條釵颭落花風。

南唐升元元年（937年）田氏墓出土結條釵

揚州市文物考古研究所，〈江蘇揚州南唐田氏紀年墓發掘簡報〉[J]，《文物》，2019，(5)。

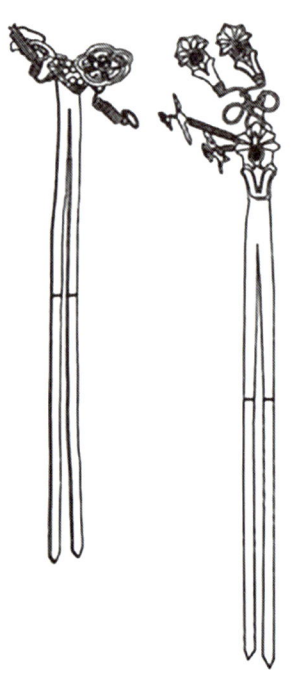

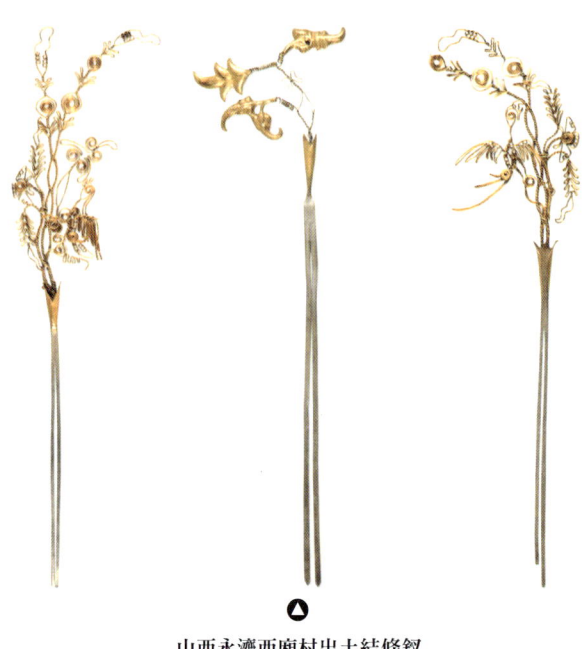

山西永濟西廂村出土結條釵
永濟市博物館藏

河北定州靜志寺地宮出土結條釵
定州市博物館藏

康陵出土的金鑲玉釵頭與各式步搖掛飾

杭州市文物考古研究所，《五代吳越國康陵》[M]，

北京：文物出版社，2014。

❄ 首飾小識：玉鳳雕釵裊欲飛

　　五代時的花釵式樣，彷彿延續著唐時的意蘊。然其製作的匠心，究竟與前代有所差別：當時流行的其中一種，是金銀花釵與雕玉花釵結合，做成「金鑲玉」或「銀鑲玉」，如南唐湯氏墓出土的鎏銀鑲玉步搖釵。另一種，是直接將花釵的材質從可以隨意捶打、雕刻的金屬，換成輕巧易碎的薄薄玉片，運用極高超的玉工，在其上細細刻畫，甚至鏤空成剪紙一般的花飾。

　　例如浙江臨安五代吳越國康陵①出土了幾枚玉釵首，將厚僅兩公釐（mm）的玉片鏤空碾刻出纏枝草中銜綬帶的飛鳳紋樣，再裝入銀鎏金花萼形底座。後唐莊宗〈陽台夢〉中的「鞾金魁玉鳳」，前蜀花蕊夫人〈宮詞〉中的「玉鳳雕釵裊欲飛」，應均是就當時的流行釵式而言。

　　在花釵之下，也學著結條釵的式樣，以金屬絲掛起各式輕細纖巧的綬帶形、花葉形小飾片。美人行走時，頭上玉釵所掛的零珠碎玉也隨步搖曳，如有微風拂動。

　　湯氏縣君的鎏金銀鑲玉步搖釵，是目前少有的保存完好的一件；而康陵卻曾遭擾亂，各式小玉片與掛墜零落四散，其原始組合狀態已難知曉。

①墓主人為吳越國主錢元瓘之妻、恭穆王后馬氏，葬於後晉天福四年（939年）。

隋唐五代 女子典型首飾一覽

❀ 禮制規定中的首飾

【花釵】

命婦最高等級禮服所用頭飾，由花樹、寶鈿、博鬢、鈿釵等構件組成。這些構件的數量與命婦身分等級相符。它們可附著在簪釵之上，使用時可分別插戴於髮髻；也可事先安置於頭冠形基座上，使用時直接戴在頭頂。

【鈿釵】

命婦盛裝所用頭飾（使用場合次一等），省略了紛繁的花樹，以寶鈿、鈿頭釵子數量區分等級。

| 北周—隋式 | 初唐式 | 武周式 |

北周—隋式	初唐式	武周式
七鈿花釵冠	隋煬帝蕭皇后十二鈿花釵冠	閻識微夫人裴氏六鈿花釵冠
（據傳世實物）	（據出土實物，嵌寶多琉璃質，已褪色，色彩未知）	（據出土實物，嵌寶未繪色）

唐代命婦「花釵」的等級		
皇后	花十二樹	小花如大花之數，並兩博鬢
皇太子妃	花九樹	
內外命婦	花（釵）一品九樹，二品八樹，三品七樹，四品六樹，五品五樹	施兩博鬢，寶鈿飾，寶鈿准花樹

流行時尚中的首飾

【金銅雜花】初唐

女官盛裝、舞姬清樂所用的頭飾；有品階的女官仍可用寶鈿金花裝飾；無品階者採用金花、簪釵、雜寶。高宗朝以來流行搭配以鈿釵撐起的寬大鬟髻，或直接佩戴所謂「漆鬟髻」。

金銅雜花

【義髻】武周

武則天時代貴族女性盛裝所用。華麗者貼滿金箔、金花裝飾，最尊貴者更在髻前裝飾模仿男性帝王頭上冕旒的步搖串飾（據皇后禮佛圖線刻石經幢中皇后形象推測）；普通者則在假髻上繪出花紋（據阿斯塔那唐墓出土繪花木假髻實物）。

義髻

【花鈿】武周

宮廷女性流行的頭飾式樣。在髮髻上散布小金花鈿作為裝飾。（據章懷太子墓石槨線刻推測）

花鈿

【鈿頭釵】武周

宮廷女性流行的頭飾式樣。金釵釵梁間以金絲勾勒出繁複花紋。（據章懷太子墓石槨線刻推測）

鈿頭釵

【步搖】武周

宮廷女性流行的頭飾式樣。在簪釵上掛飾著各種金花、寶石串珠、小鈴。（據章懷太子墓、懿德太子墓之石槨線刻人物形象推測）

步搖

【鳳冠】武周—盛唐

貴族女性流行的頭飾式樣。形為金銀絲編結而成的鏤空鳳形冠，罩在髮髻上。（據章懷太子墓石槨線刻、敦煌莫高窟都督夫人王氏禮佛圖壁畫推測）

鳳冠

【碧羅芙蓉冠】武周—盛唐

以碧色紗羅製成的蓮形冠飾。最初是道士所用的道冠，因唐朝道教盛行，故貴婦人們也喜愛使用。（據唐代陶俑、壁畫形象推測）

碧羅芙蓉冠

【義髻子】盛唐開元

貴族女性流行的假髻式樣。事先編好，可直接佩戴；式樣從立於頭頂。〔據新疆吐魯番阿斯塔那墓開元三年（715年）出土實物復原〕，逐漸變為前傾墮於額頂。（據阿斯塔那唐墓出土絹畫推測）

義髻子

【寶髻】盛唐開元

貴族女子盛裝時使用。在預先製好的假髻上裝飾各種以金銀箔、金銀絲編結底座、鑲嵌珍珠寶石的花鈿。又有對孔雀銜花枝的冠形底座配合寶髻使用。〔據唐開元二十四年（736年）宗女李倕墓出土冠飾構件、河南寶豐店開元年間唐墓出土首飾實物推測，採用開元流行的髮式組合〕

寶髻

【花鈿】盛唐天寶

盛唐時期的流行式樣。花鈿通常掛在金釵之上，再以金釵安於髮髻。（據新疆吐魯番阿斯塔那唐墓出土絹畫、武惠妃墓石槨線刻推測）

花鈿

【簪花】盛唐天寶

盛唐時期，已有在髮髻上簪花的做法。楊貴妃曾在寶髻旁簪桃花：「御苑新有千葉桃花，帝親折一枝，插於妃子寶髻上，曰：『此個花真能助嬌態也。』」（《開元天寶遺事》）

簪花

212 | 大唐女子時尚圖鑑

敦煌曲子詞中美人簪海棠：「東風吹綻海棠開，香榭滿樓台。香和紅艷一堆堆，又被美人和枝折，墜金釵。」（敦煌唐人寫本〈虞美人〉）

簪花

【插梳】中晚唐

梳除了梳髮外，又可插在髮上，當作裝飾。中唐以來，女子頭上插梳愈加繁複。梳多為一對，可上下對插於髮髻上，也可對插在兩鬢。中唐元和年間，更出現了在誇張的「椎髻」前方排列多重小梳、兩側又插戴花草裝飾的做法。

插梳

插梳

【百不知】中晚唐

唐穆宗長慶年間流行的繁複首飾,《唐語林》:「長慶中,京城婦人首飾,有以金碧珠翠,笄櫛步搖,無不具美,謂之『百不知』。」(據唐長慶四年(824年)齊國太夫人吳氏墓出土冠飾構件推測組合)

之後流行誇張的扇頭形簪釵。(據西安郊區晚唐墓出土首飾實物推測組合)

百不知　　扇頭形簪釵

【花釵】晚唐

由於國力衰頹,貴婦人無力置辦華麗的花樹式「花釵」,便將金銀頭釵作為禮裝首飾的替代品。但在這一時期,民間女性首飾也出現了仿制花釵的僭越現象。(參照西安紫薇田園小區唐墓出土花釵、廈門陳元通夫婦墓中夫人頭上的花釵實物進行推測復原)

花釵

【結條簪釵】晚唐五代

在簪釵端頭用纖細的金銀絲，編結出精巧的花葉蝶鳥裝飾，下方還可以用細絲垂掛各類金玉質地的小掛飾。據傳世繪畫《簪花仕女圖》，這類簪釵往往使用不對稱的形式插戴。（據946年南唐保大四年合肥西郊南唐湯氏墓出土首飾組合）

結條簪釵

【龍鳳簪釵】五代

在晚唐以來花釵、結條釵的基礎上，增加符合貴婦人等級身份的龍鳳等飾物。這類高等級飾品在插戴時呈現規整對稱的形式。龍鳳飾件在唐時還未見正式的禮制規定記載，但在宋以後，已逐漸成為後妃命婦冠飾的規定配置。（據傳世《調笙仕女圖》、吳越國康陵出土首飾碎片推測）

龍鳳簪釵

西施曉夢綃帳寒,香鬟墮髻半沉檀。
轆轤咿啞轉鳴玉,驚起芙蓉睡新足。
雙鸞開鏡秋水光,解鬟臨鏡立象床。
一編香絲雲撒地,玉釵落處無聲膩。
纖手卻盤老鴉色,翠滑寶釵簪不得。
春風爛漫惱嬌慵,十八鬟多無氣力。
妝成欹鬢歌不斜,雲裾數步踏雁沙。
——李賀〈美人梳頭歌〉

第三篇／髻鬟

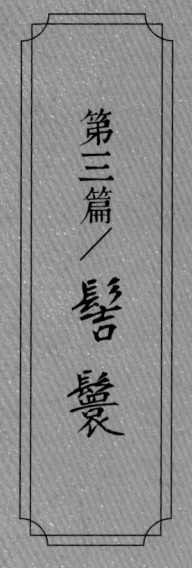

概說

　　女子的髮式，通稱為「髻鬟」。具體而言，髻是髮股撐旋成結，鬟是髮縷中空成環。依照當時禮制規定，未及笄的童女梳鬟；女子成年及笄許嫁後即梳髻。不過在實際的情景中，鬟與髻並未區分得很清楚。少女、小婢通常作雙鬟或頂髻雙鬟組合的打扮；成年及笄後的女子除了梳髻外，頭上也可作鬟，以長釵挑起的高鬟，更是搭配盛裝的重要髮式。

　　隋唐五代女子的髻鬟式樣頗多，同樣有著不斷變換的時尚流行。各種流行髮式多是自宮廷創制，再逐漸流傳開來。後宮佳麗以髮式鬥巧爭新，以求博得君王寵愛，如敦煌寫本〈宮詞・水古子〉寫道：「春天暖日會妃嬪，各各梳頭出樣新。鵲語下階爭跪拜，願令恩澤勝旁人。」

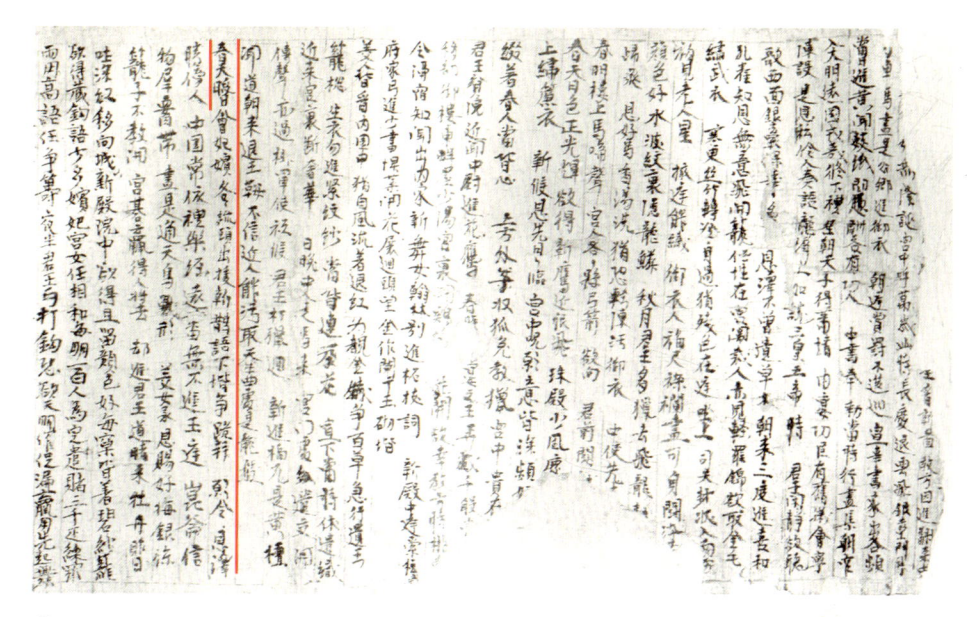

敦煌寫本〈宮詞・水古子〉

　　段成式〈髻鬟品〉、宇文氏〈妝台記〉、馬縞《中華古今注》等書專門收錄有各種髮髻名稱，加上《新唐書・五行志》與各類唐人筆記零星提及，現存的髮髻名稱有二十餘種。這種種名稱，大部分並未言明具體形制，但其中不少名稱本身具有形象性或是有具體的時代背景，可以與唐朝繪畫、雕塑中的女性髮式進行比照。

　　需特別說明的是，以下羅列的隋唐五代各時期髮式，只是大致將考古所見唐代女子髮式按不同時期加以歸類，再按照髮式的形態細節對照史籍比定名稱；雖因史無確載，附會之處難免，但各時期的風貌盡可能貼切，大體可以反映出當時髮式時尚流變的基本過程。

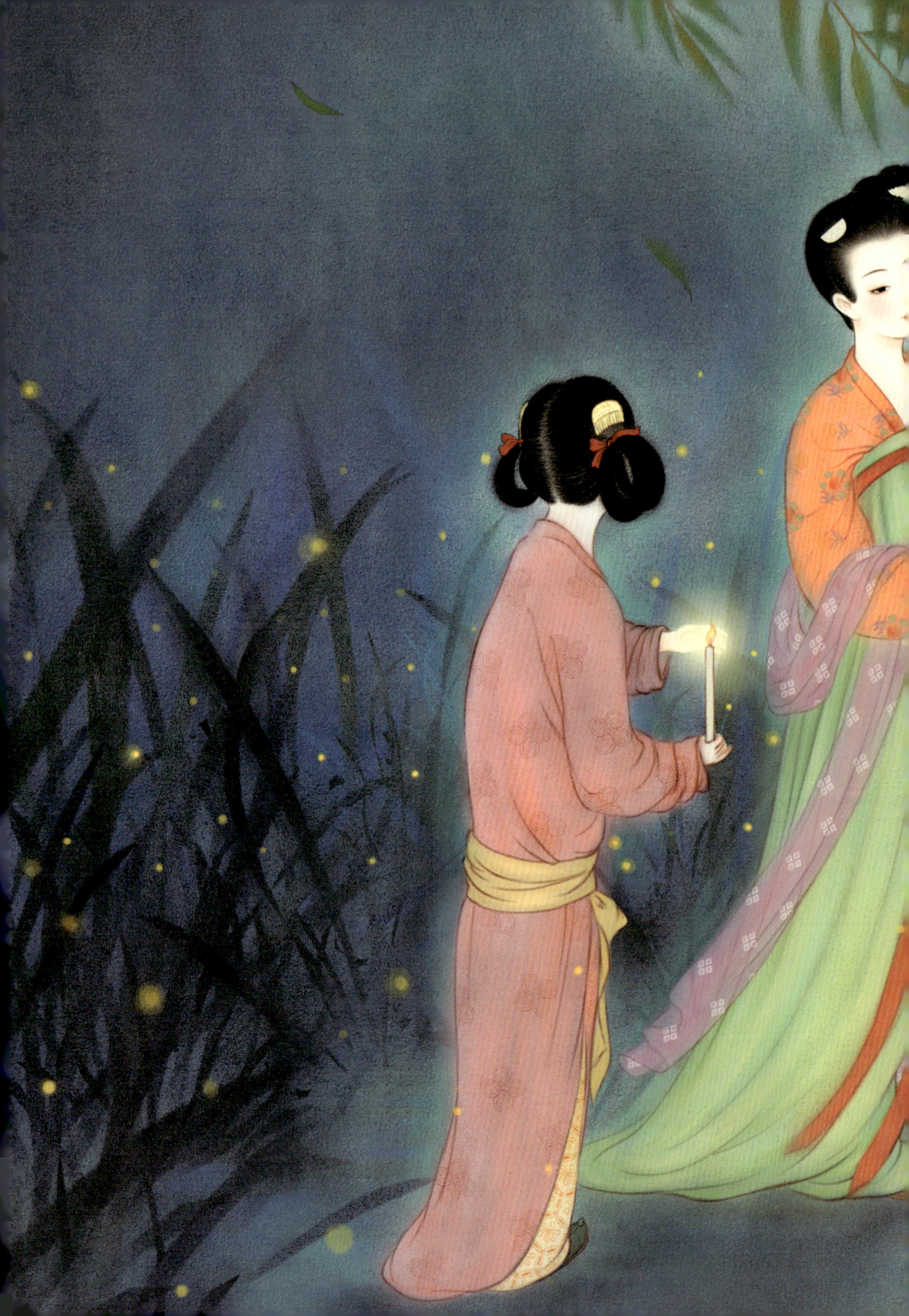

鶯鶯紅娘夜探張生

殷紅淺碧舊衣裳,取次梳頭暗淡妝。
夜合帶煙籠曉月,牡丹經雨泣殘陽。
依稀似笑還非笑,彷彿聞香不是香。
頻動橫波嬌不語,等閒教見小兒郎。

——元稹〈鶯鶯〉

隋唐五代 女子典型髮式一覽

❀ 隋—初唐

　　隋朝時期女子髮式較為低平，髮縷層疊盤繞於頭頂，這大約與隋文帝崇尚節儉有關。但隋煬帝時已出現頗多變化求新的髮髻式樣。

　　初唐時，髮髻大多仍承隋制，但不久便有略高的髮髻出現。唐太宗時，高髻風尚已從宮中流行到民間。當時朝臣皇甫德上書諫言稱「俗尚高髻，是宮中所化也」，引得太宗怒道：「宮人無髮，乃稱其意！」

【翻荷髻】隋煬帝時

　　挽長髮收攏為一股，繞出一個向額頂傾覆的扁圓鬢髻，再從髻下將這股長髮繼續繞額平盤，在頭頂正面的一側翻捲向上，餘下髮縷收入鬢中。整體形態如尚未舒展開來的初生翻捲荷葉。

翻荷髻

【坐愁髻】隋煬帝時

所謂「髮薄難梳，愁多易結」，「坐愁」即略帶象形地委婉表示「結髮」的意思。形態應如並列的雙髻平坐於頭頂。

坐愁髻

【朝雲近香髻】隋煬帝時

梳理方式與「翻荷髻」類似。髮縷在頭頂繞額平行盤繞，翻捲弧度更為圓柔如雲。

朝雲近香髻

【半翻髻】唐高祖時

所謂「半翻」，梳理方式類似「翻荷髻」，但髮髻更加緊縮小巧，是「翻荷」縮減至半的式樣。

半翻髻

【樂遊反綰髻】唐太宗時

這是從宮廷之中逐漸流行開來的高髻式樣。「樂遊」是當時長安城中的一處高原之名，可知這種髮髻式樣相較過去變高了許多，正合「樂遊」之名。髮縷在頭頂多次盤旋，收入中央髮髻時位置恰好與翻荷髻相反，位於頭頂後方。

樂遊反綰髻

武則天時代

　　隨著貴族女性地位逐步提升，她們不再耗費過多時間盤綰髮髻，日常生活中真髮梳就的髮髻向著小巧便利轉變，正式場合中往往會使用事先做好造型的假髻。

　　因不必採用太多真髮梳髻，髮量略有餘裕，鬢髮不再收攏緊貼，做豐隆蓬起狀，時人美稱其為「蟬鬢」，如盧照鄰〈長安古意〉：「片片行雲著蟬鬢」，又如張文成〈遊仙窟〉云：「鬢欺蟬鬢非成鬢」。

【單髻／雙髻】唐高宗時
　女子日常髮式，式樣小巧簡潔，以便另加其他首飾、假髮。

單髻　　　雙髻

【雙鬟望仙髻／漆鬟髻】
唐高宗時
　從江南地區傳開的流行髮式，自魏晉南北朝時期的「擷子髻」誇張化發展而來。
　最初是用真髮梳成，以金屬簪釵挑起，後來逐漸出現了塗黑漆的木質假髻供直接佩戴，名為「漆鬟髻」。

雙鬟望仙髻　　　漆鬟髻

【交心髻／同心髻】
武周至唐中宗時

女子日常的髮式，自高宗時代的單／雙小髻發展而來，更為飽滿。

交心髻是梳起成雙的髮髻，兩髻中心各留出一股髮縷，繞髻交叉盤旋而成。同心髻則是在單個髮髻中心留出一股髮縷，繞髻反覆盤旋而成。

交心髻　　同心髻

【義髻／驚鴻髻】
武周至唐中宗時

自唐太宗時代流行的高髻式樣發展而來。形態愈加寬廣高大，形如鴻鵠掠起的一翼或兩翼。

梳理方式從過去直接以真髮梳理而成，演變至直接在簡單的單髻或雙髻上佩戴事先製好定型的假髻。

義髻　　驚鴻髻

盛唐

開元時期，女性就髮式時尚做出了頗多嘗試，直到開元末年髮式才基本定型。這是女性髮式最為雍容的時期。

【倭墮髻】唐玄宗開元時

唐玄宗開元年間女子的流行髮式，形為一個或兩

倭墮髻

個小髻墮在額頂。當時詩人許景先〈折柳篇〉稱「寶釵新梳倭墮髻」，即此。隨著流行發展，髮髻逐漸縮小，鬢髮向外梳掠得愈加蓬鬆誇張，也有直接用假髮為髻的。

【愁來髻】唐玄宗開元天寶時

傳說中楊貴妃所梳的髮式，實為唐玄宗開元末年至天寶初年女子的流行髮式。

鬢髮蓬鬆向兩邊撐起，頭後髮鬆鬆下垂至肩，再縮向上，尖長的小髻高翹向前，整體呈現因愁緒而草草綰起，不做太多修飾的狀態。

愁來髻

【義髻／回鶻髻】
唐玄宗開元末至天寶時

盛唐時期，義髻再度因楊貴妃的喜愛而變得廣泛流行。

當時流行的義髻式樣大體可分為

回鶻髻

二式：一式形態尖聳向上；一式形態寬大弧圓，略向前傾。

它們均由武則天時代流行的驚鴻髻演變而來。

義髻

【偏梳髽子】唐玄宗天寶時

傳說中楊貴妃所發明的髮式，髮髻偏垂一側。「髽子」，即唐人對髮髻的俗稱。

偏梳髽子

【單髻／雙髻】開元末至天寶時

女子日常的髮式，貴族家中多為侍女所用。鬢髮收攏向上梳出邊稜，髮髻盤結於頭頂，髻式或為豐盈的圓髻，或為尖長的小髻。

單髻 　　　　圓式雙髻 　　　　尖式雙髻

🔶 中唐

　　安史之亂後，女性髮式流行變化主要集中於鬢髮。盛唐天寶年間貴婦人鬢髮蓬鬆、後髮鬆挽的雍容式樣逐漸不再流行，升格成為禮制髮式。一種在過去較為日常普通、身分較低的侍女所使用的簡便髮式，開始廣泛流行。

　　這種髮式以鬢髮作為主要修飾部位，其形為將鬢髮向外梳掠，形成薄如蟬翼、豎立的式樣；中唐時人仍稱其為蟬鬢，如王建〈宮詞〉：「雪鬢新梳薄似蟬」，白居易〈長相思〉：「蟬鬢鬆髻雲滿衣」，〈任氏行〉：「蟬鬢尚隨雲勢動，素衣猶帶月光來」。這種鬢式逐步向誇張、華麗演變。

　　中唐時期的髮髻式樣在八世紀後半葉發展不大，基本還是以盛唐的舊樣為主。

　　直到九世紀初，一眾貴族女性創制出多種以奇、詭為特點的新樣髻式。儘管當時文人視其為服妖，屢有譴責之辭，帝王更屢次將其視為奢靡陋俗，加以禁斷，然而，女子對時尚的追求，始終不能禁絕。

中唐基礎髻式

【盛唐舊樣髻式】中唐時
　　雖然鬢髮風格改變，但大量盛唐流行的髻式仍舊有所沿用，如倭墮髻、偏梳髻、慵來髻等。原本流行於盛唐、使用義髻的回鶻髻式樣，此時也純以真髮梳出，體量變得很小。

回鶻髻

偏梳髻 　　　　　倭墮髻 　　　　　慵來髻

叢髻

【叢髻】
安史之亂後至唐德宗貞元年間
頭頂梳出叢狀多鬟髻的式樣，即所謂「娥叢小鬢」、「翠髻高叢綠鬢虛」。鬟有多少之分，多者又有「百葉髻」、「百合髻」等名。

【墮馬髻】唐德宗貞元年間
白居易詩稱「風流誇墮髻」。詩下注：「貞元末，城中復為墮馬髻、啼眉妝也。」

這種髮式最初是以真髮梳出小髮鬟，斜墮一側。其後髮鬟逐漸變大。

墮馬髻

【歸順髻】
唐德宗貞元末至憲宗元和初

這是墮馬髻誇張發展後的式樣，其形為寬大髮髻傾伏於一側。時人將這一流行髮式附會於當時節度使歸順、藩鎮相繼降服的政局，因名「歸順髻」。

歸順髻

【盤鴉／鬧掃髻】
唐德宗貞元末至憲宗元和初

張氏女〈夢王尚書口授吟〉詩：「鬢梳鬧掃學宮妝。」這是自宮中流行開來的髮式，形態極為重疊繁複。後人記其狀如大風吹散髮髻，並使其傾覆於頭頂。

盤鴉髻

鬧掃髻

【椎髻】唐憲宗元和末

元和末年自長安城中流行開來的髮式，兩鬢垂如角，額頂挑起一股髮，高高梳起尖長的椎髻，椎髻之後攏作圓鬟或多重小鬟。

圓鬟椎髻

【高鬟危髻】唐文宗太和時

高大的鬟髻以簪釵挑起，直豎頭頂，鬢髮分成兩重，用長簪長釵在臉畔撐開。

同時期的詩作中，常見對女子這種流行髮式的吟詠，如元稹句：「髻鬟峨峨高一尺，門前立地看春風」；陸龜蒙〈古態〉：「城中皆一尺，非妾髻鬟高」；段成式〈戲高侍御〉：「兩重危髻盡釵長」、「四枝鬟上插通犀」；〈柔卿解籍戲呈飛卿〉：「出意挑鬟一尺長，金為鈿鳥簇釵梁」；以及李賀〈雜曲歌辭〉：「金翅峨髻愁暮雲」。

這種誇張的髮式在朝廷禁令之後有所收斂。

高鬟危髻

高髻

✹ 晚唐五代

戰亂頻繁，輕巧的蟬鬢式樣不適頻繁奔走遷徙的歷史環境，於是替代出現的是兩鬢垂繞髮鬟抱面的式樣。

【雲髻】中晚唐

中晚唐時期流行頗久的髮式，髮髻寬廣如雲，便於廣插釵梳首飾。

雲髻

【拋家髻】唐僖宗時

唐末戰亂前長安城中流行的髮式，額頂挑髮梳起的椎髻已變得平緩，後方遠拋出傾倒的大鬟。後人將其附會成戰亂時將要拋棄家園的徵兆。《新唐書·五行志》：「唐末京都婦人梳髮，以兩鬢抱面，狀如椎髻，時謂之拋家髻。」

拋家髻

【囚髻】唐僖宗時

唐末因戰亂產生的髮式。宮人避難時無暇梳理繁複的髮髻，只得梳作緊實方便的髻式。《新唐書·五行志》：「僖宗時，內人束髮極急，及在成都，蜀婦人效之，時謂為囚髻。」

囚髻

【慵來髻】唐昭宗時至五代

晚唐五代中原地區流行的髮式，是鬢髮蓬鬆、輕攏小髻的頹唐式樣。羅虯〈比紅兒詩〉：「輕梳小髻號慵來。」

慵來髻

【拔叢髻】唐昭宗時至五代

晚唐五代中原地區流行的髮式，大約是叢鬟披垂的式樣。宋朝王讜《唐語林》：「唐末婦人梳髻，謂拔叢；以亂髮為胎，垂障於目。」

拔叢髻

高髻／朝天髻

【朝天髻】五代

五代南方地區普遍流行起各式高髻,其中後蜀的流行式樣名為「朝天髻」。《宋史・五行志三・木》:「建隆初,蜀孟昶末年,婦女競治髮為高髻,號朝天髻。」

附:童女與少女髮式

隋唐五代時期,尚未成年及笄的童女與少女的髮式變化不多,多為丱髮或耳畔的垂鬟。右圖及下圖分別為丱髮、雙鬟、三角、多鬟。

丱髮

雙鬟髻 　　　三角髻 　　　多鬟髻

曉日穿隙明，開帷理妝點。
傅粉貴重重，施朱憐冉冉。
柔鬟背額垂，叢鬢隨釵斂。
凝翠暈蛾眉，輕紅拂花臉。
滿頭行小梳，當面施圓靨。
最恨落花時，妝成獨披掩。

——元稹〈恨妝成〉

第四篇／粉黛

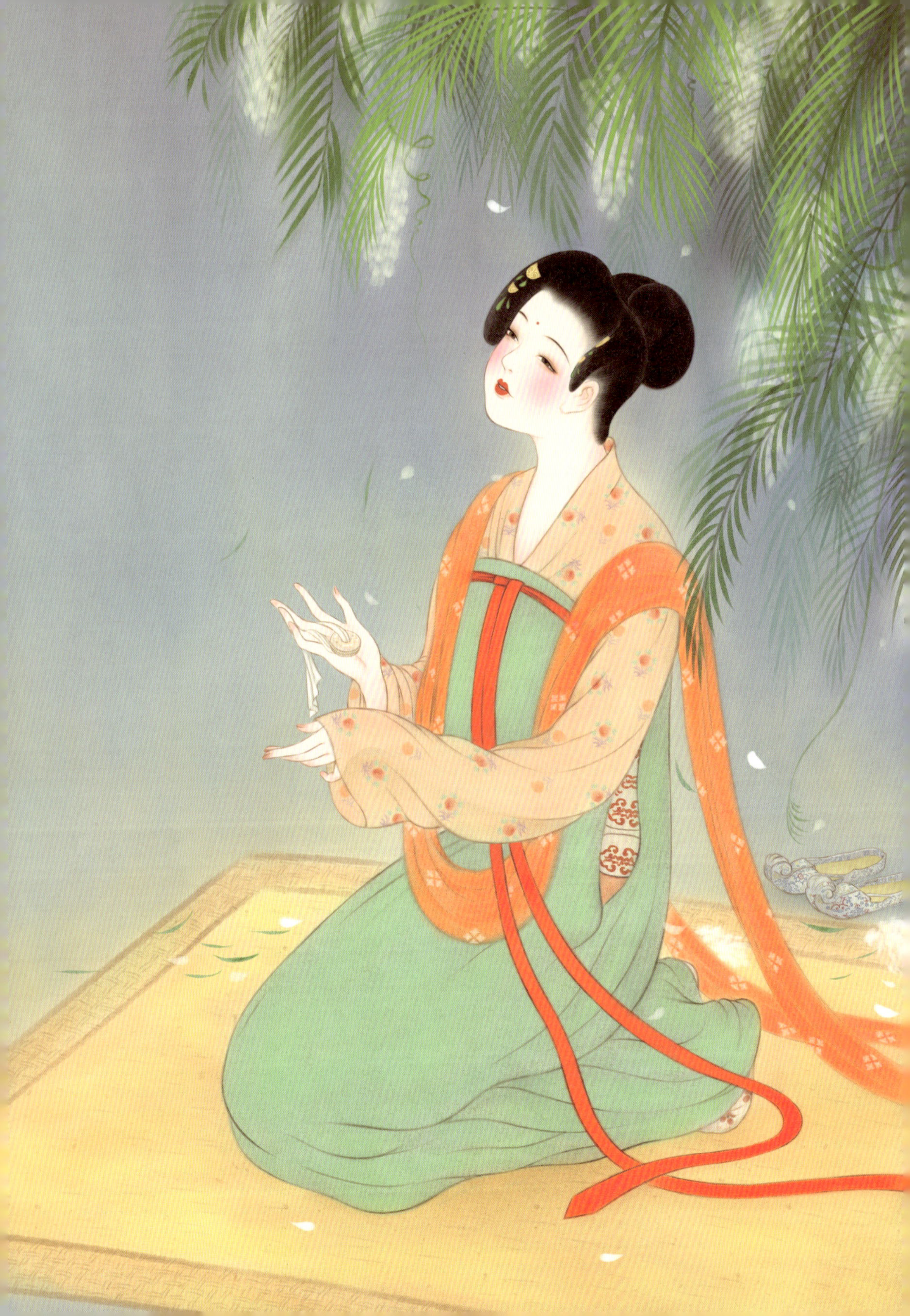

章台柳,章台柳,昔日青青今在否?
縱使長條似舊垂,亦應攀折他人手。
楊柳枝,芳菲節,所恨年年贈離別。
一葉隨風忽報秋,縱使君來豈堪折。
——許堯佐〈柳氏傳〉

◀ 柳娘留贈玉合

唐朝 女性妝容步驟

❧ 傅粉

　　傅粉是唐代最基礎的化妝。當時女子多以肌膚白皙為好尚，需先以粉傅面，以便更進一步修飾儀容。

　　鉛粉是當時最為普及的基礎化妝品之一，係用鉛、錫等礦物燒製為粉末，和香料製作而成。若是和以脂呈糊狀，又名胡（糊）粉。鉛粉質地細膩，潔白如雪，但性有毒，久用反會使人面色晦暗發

① 出自敦煌莫高窟藏經洞所出唐人寫本《頭目產病方書》，法國國家圖書館藏。

② 《新唐書・則天武皇后傳》：「太后雖春秋高，善自塗澤，雖左右不悟其衰。」

③ 《教坊記》：「龐三娘善歌舞，其舞頗腳重。然特工裝束。又有年，面多皺，帖以輕紗，雜用雲母和粉蜜塗之，遂若少容。嘗大酺汴州，以名字求雇。使者造門，既見，呼為『惡婆』，問龐三娘子所在。龐紿之曰：『龐三是我外甥，今暫不在，明日來此奉留之。』使者如言而至。龐乃盛飾，顧客不之識也，因曰：『昨日已參見娘子阿姨。』其變狀如此，故坊中呼為『賣假臉賊』。」

青。唐代女性也意識到這一點，於是又有了以米為主料的「英粉」，選取粱米或粟米加工製成。然而米粉不若鉛粉那樣易於附著在肌膚之上，因此英粉中往往也添加少量鉛粉。敦煌石窟出土的唐人醫方寫本中，有一製粉的方法，將枸杞子與葉燒成灰，再以米湯混合反覆燒研，最後以牛乳混合燒後研磨成細粉，混合蜜漿以塗面①。

傅粉不僅有使肌膚白皙的功效，還可掩飾皺紋，使面容顯得年輕。史稱武則天善於塗抹修飾，雖春秋已高，但即便是身邊人也不覺其衰老②。盛唐時教坊名伶龐三娘善化妝，年長後面上多皺紋，便貼以輕紗，雜用雲母、粉、蜜混合塗面，化妝後面貌如少女一般③。

勻紅

黃金合裡盛紅雪，重結香羅四出花。
一一傍邊書敕字，中官送與大臣家。

—— 王建〈宮詞〉

在傅粉塗白面龐的基礎之上，又需塗上胭脂，使面色紅潤。早期的紅色源自礦物朱砂，將朱砂研磨成粉調和脂膏，便可製作面脂或唇脂。

大約在漢代時，自西域傳入一種可以提煉出紅色染料的植物「燕支」。人們將「燕支」與中原常見的藍色染料「藍草」比附，稱其為「紅藍」[1]。用紅藍花汁提煉製出的紅色化妝品，則得名胭脂。到唐代時，胭脂大致已取代朱砂，成為紅色化妝品的主要來源。

唐代紅妝的名目，大約如宇文士及〈妝台記〉所記：「美人妝面，既傅粉，復以燕脂調勻掌中，施之兩頰，濃者為酒暈妝；淡者為桃花妝；薄薄施朱，以粉罩之，為飛霞妝。」

[1]《古今注・草木》：「燕支，葉似薊，花似捕公，出西方，土人以染，名為燕支。中國亦謂為紅藍，以染粉為婦人色，謂為燕支粉。」

❈ 畫眉

彎彎柳葉愁邊戲，湛湛菱花照處頻。
嫵媚不煩螺子黛，春山畫出自精神。
　　　　　　——（唐）趙鸞鸞〈柳眉〉

眉是唐代女子修飾面容的重點。在東方式審美喜好纖巧五官的同時，雙眉有著提起精神、增添嫵媚的功能。

女子畫眉的傳統材料是「黛」。黛是一種黑色的天然礦物，成分以石墨為主。化妝時，先將塊狀的黛在硯板上研磨，加水調成墨汁，再用筆蘸墨汁畫眉。《釋名》解釋「黛」字意為「代也，滅其眉毛，以此代其處也」。

與此同時，又流行著自西域傳入的異國顏料「青黛」。這是一種人工合成顏料，黑泛深青色，使用時，無須經過繁複的研磨調和過程，蘸水即可直接畫眉。其中最高級者來自波斯，名「螺子黛」，大約是製成圓錐螺形的黛塊，使用起來如當今眉筆一般方便①。

在唐人筆下的傳說中，隋煬帝寵愛善畫長蛾眉的女子吳絳仙，特賜以每顆價值十金的螺子黛。「司宮吏日給螺子黛五斛，號為蛾綠。……後徵賦不足，雜以銅黛給之，獨絳仙得賜螺黛不絕。」②青黛畫眉，顏色較石黛更為鮮明穠麗。

直到盛唐，女子的眉式分粗、細兩類，流行時有交替。傳說唐玄宗因安史之亂避禍於蜀地時，曾命畫工將十種女子眉樣入畫，名目大致有「鴛鴦眉（八字眉）、小山眉（遠山眉）、五嶽眉、三峰眉、垂珠眉、月稜眉（卻月眉）、分梢眉、涵煙眉、拂雲眉（橫煙眉）、倒暈眉」③。其中一部分可以憑藉名稱來推知具體形象，並進一步與詩文印證知曉，這些眉形實際上大致涵蓋了唐朝不同時期的流行式樣，並非只是玄宗一朝；不過也有些名目已很難在歷史記載中尋到完全吻合的印證。

---

① 研究者或根據「螺子黛」之名，認為這種黛是提取自紫貝的特殊顏料。實際上「螺子」應是就人工墨塊的形態而言，如（晉）陸雲〈與兄機書〉中便有「送石墨二螺」。

② 唐人託名顏師古所作《大業拾遺記》所記。

③ 此事記於唐人張泌〈妝樓記〉：「明皇幸蜀，令畫工作十眉圖，橫雲、斜月皆其名。」十眉全名錄於宋人葉廷珪《海錄碎事》，可能為宋人附會唐人事，其中多種眉樣實則分別流行於唐的不同時期。

大約是在中晚唐之際，隨著製墨工藝的發展，以煙墨代替青黛畫眉的風氣興起。

女子選擇人工精製的好墨，經火煨烤後染於指尖，再用指尖點畫出眉形，「自昭哀來，不用青黛掃拂，皆以善墨火煨染指，號熏墨變相」。

時俗以濃重的眉影為好尚，平康美人尤將此風發展到了極致，時人甚至以「變相」來形容女子眉形的多變與華麗：「瑩姐，平康妓也，玉淨花明，尤善梳掠，畫眉日作一樣。唐斯立戲之曰：『西蜀有十眉圖，汝有眉癖若是，可作百眉圖，更假以歲年，當率同志為修眉史矣。』有細宅眷而不喜瑩者，謗之為膠煤變相。」

當然也有女子逆時尚而行：「範陽鳳池院尼童子，年未二十，穠艷明俊，頗通賓遊。創作新眉，輕纖不類時俗。人以其佛弟子，謂之『淺文殊眉』。」

至於五代宮中所流行的諸般眉樣，則有「開元御愛眉、小山眉、五嶽眉、垂珠眉、月稜眉、分梢眉、涵煙眉」等[1]。

[1] 本段引文均見宋人陶谷《清異錄》。

附：唐朝女性流行眉式概覽

部分眉式為唐朝女性普遍較喜愛的眉形，曾有過多次流行反覆。

【蛾眉】

這是唐人對女子眉的泛稱，但具體而言，是形容眉形如蛾的觸角。所謂「淡掃蛾眉」，是較為自然的眉式。

【柳葉眉】

因眉形如柳葉而得名。初唐、盛唐、中唐都曾流行過這種眉式，但其間也有粗細之別。

【月稜眉】

又名卻月眉，眉如一鈎彎月，上部輪廓分明，下端略有暈開。

初唐、晚唐時期的女性常見這類眉形。

【倒暈眉】

與月稜眉相反，這類眉下部界限分明，上部略有暈開。

【小山眉】

又名遠山眉，眉色如煙雲之中平緩浮現的一脈遠山。

部分眉式較為特殊，僅流行於特定的某段時期。

【連眉】

武則天時代前期（約680年前後）的流行眉式，眉形大膽誇張，眉色濃黑，眉心近乎相連。

【涵煙眉】

武則天時代後期（約700年前後）的流行眉式，眉心收尖，眉尾自然暈開。盛唐時期仍有這類式樣，但更為濃黑。

【連娟眉】

流行於盛唐開元中期（約730年前後）。細長彎曲的長眉，兩眉間距依然極近。

【拂雲眉】

流行於開元末至天寶初年（約740年前後）。眉形如平雲拂過，是較為寬闊的眉形。

【垂珠眉】

流行於盛唐天寶年間（742~756年）。眉形如水珠滴垂向眉心。

【鴛鴦眉】

眉形如皺眉啼哭狀，又名八字眉、啼眉。中唐貞元年間（785~805年）開始流行，起初眉形纖細，隨後幾朝逐漸演變得濃而黑。

【分梢眉】

唐文宗太和年間（827~835年）流行的奇特眉式，需剃去原眉再另行畫出，眉上分出數個分歧如起伏的山巒。

注唇

臉粉難勻蜀酒濃，口脂易印吳綾薄。
嬌饒意態不勝羞，願倚郎肩永相著。

——（唐）韓偓〈意緒〉

唐女往往是先在面部傅粉，掩蓋原有的唇形，再以唇脂另繪出心儀的唇形。

　　唐時常見的唇脂，是將著色所用的紫草、朱砂等物與蠟、香料等物煎煮融合而成。製好的唇脂呈凝固的膏狀，可盛在小盒之中。當時也有將唇脂注入小筒的做法，這類唇脂以長度計量，唐人小說〈會真記〉裡，張生贈給鶯鶯的禮物中便有「口脂五寸」。

　　畫唇妝時，是以指尖挑起一點唇脂，點注於唇上，匀出唇形。

　　晚唐僖宗、昭宗年間，長安娼家女子競相比較唇妝，以此作為評斷美與否的標準，因此產生的唇妝名目有十餘種之多，依宋人陶谷《清異錄》所記，有「石榴嬌、大紅春、小紅春、嫩吳香、半邊嬌、萬金紅、聖檀心、露珠兒、內家圓、天宮巧、洛兒殷、淡紅心、猩猩暈、小朱龍、格雙唐、媚花奴」等。

　　雖然這些名目已難尋真實狀貌，但從字面上推測，大抵是以唇形、唇色做區別，有的還混入香料，因此帶有芳香。

附：唐朝女性流行唇式概覽

　　初唐唇式以纖小秀美為尚；隨後逐漸向豐滿、穠麗、圓潤發展，到盛唐達到頂峰。之後的中唐，流行唇式變為圓且小的「櫻桃式」，又產生了烏膏注唇一類的奇特唇色。晚唐時期唇式名目極多，其中更已有特別強調暈染效果、由唇心向外暈染開來的唇式。

唐朝女性流行唇式演變

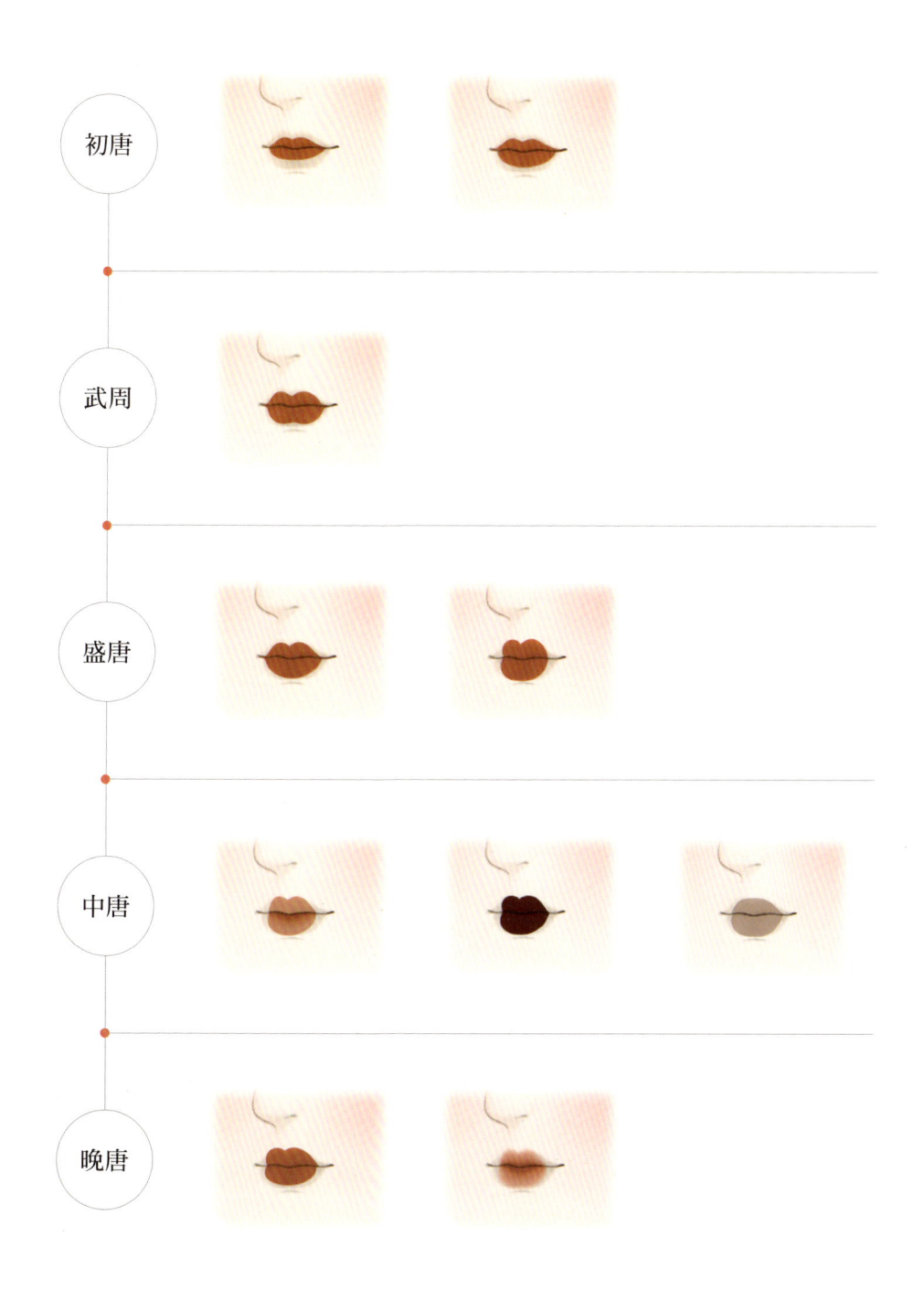

初唐			
武周			
盛唐			
中唐			
晚唐			

第四篇 粉黛 | 247

貼花子

膩如雲母輕如粉，艷勝香黃薄勝蟬。
點綠斜蒿新葉嫩，添紅石竹晚花鮮。
鴛鴦比翼人初帖，蛺蝶重飛樣未傳。
況復蕭郎有情思，可憐春日鏡台前。

——（唐）王建〈題花子〉

花子是眉額中間的一種裝飾，可大致分為兩種：一種是直接用顏料妝繪圖形於額上；一種是以絹紙甚至金碧珠翠等物預先製好花鈿，化妝時用呵膠將其貼上。

呵膠據說是以魚鰾熬製成的膠水，塗在花鈿之後能牢固黏貼於皮膚之上，卸妝時熱敷片刻，便會自然掉落。

傳說這種妝容起自南朝宋武帝之女壽陽公主。公主有一日臥於含章殿簷下，庭中梅花飄落，暗香縈繞，恰有一朵落在公主額間，染作五出花形，拂抹不去，三日後才得以洗掉。

① 《事物紀原》引《雜五行書》：「宋武帝女壽陽公主人日臥於含章殿檐下，梅花落額上，成五出花，拂之不去，經三日洗之乃落。宮女奇其異，競效之。」

② 依《酉陽雜俎》所記：「今婦人面飾用花子，起自昭容上官氏所制，以掩點跡。大曆之前，士大夫妻多妒悍者，婢妾小不如意，輒印面，故有月點、錢點。」《北戶錄》中進一步詳述其事：「天后每對宰臣，令昭容臥於案裙下，記所奏事。一日宰相對事，昭容竊窺，上覺。退朝，怒甚，取甲刀扎於面上，不許拔。昭容遽為乞拔刀子詩。後為花子，以掩痕也。」

宮人們驚異於公主面上這偶然的妝點，遂競相效仿，製出梅花形飾物貼額①。

又有記載稱女子用花子作為面飾，起自武周時代的上官婉兒。婉兒因得罪武則天而被刺傷於額，才貼花子掩飾疤痕②。

附：唐朝女性流行花子式樣概覽

唐時簡易的花子式樣為圓點或滴珠形。但不同時期也有著特殊的流行，它們或誇張繁複，或纖巧細膩。華麗者又有直接以金珠寶石製作而成。

下頁為唐朝女性流行花子式樣的演變對照圖。

唐朝女性流行花子式樣演變

初唐

武周

盛唐

中唐

晚唐

250 | 大唐女子時尚圖鑑

繪斜紅

重疊魚中素，幽緘手自開。

斜紅余淚跡，知著臉邊來。

——（唐）元稹〈魚中素〉

① 〈妝樓記〉：「夜來初入魏宮，一夕，文帝在燈下詠，以水晶七尺屏風障之。夜來至，不覺，面觸屏上，傷處如曉霞將散。自是，宮人俱用臙脂仿畫，名『曉霞妝』。」

傳說斜紅始於三國時期。美人薛夜來初入魏宮，一天夜裡，魏文帝曹丕在燈下詠詩，四周以七尺水晶屏風相隔。夜來走近而不覺屏風，面觸屏上，傷處瘀血艷麗如朝霞將散，卻因此引得文帝寵愛。此後一眾宮人競相以胭脂仿畫夜來妝容，並美稱其為「曉霞妝」。①

附：唐朝女性流行斜紅式樣概覽

唐時的斜紅經歷了幾次流行變化，起初只是呈簡易的垂直傷痕狀，隨後在武則天時代演變出雲形、花形等繁麗的式樣。

到了盛唐開元年間，斜紅式樣再度簡化，流行也呈現出日漸式微的狀態，但仍偶有女性以彩繪飛

鳥或金鈿作為斜紅的替代物裝飾在臉畔。

中唐大歷朝以後，斜紅一度消失，但在長慶年間，隨著「血暈妝」的流行而有所回轉，變作誇張的傷痕或瘀血狀。直到晚唐仍偶見女子繪有斜紅。

唐朝女性流行斜紅式樣演變

初唐

武周

盛唐

中唐

晚唐

施面靨

> 啟齒呈編貝，彈絲動削蔥。
> 醉圓雙媚靨，波溢兩明瞳。
>
> ——元稹〈春六十韻〉

所謂面靨，並不是女子微笑時面頰上露出的靨渦，而是一種在嘴角兩側面頰上塗繪顏料或黏貼花片形成的假靨。

古時的面靨名「的」，是一種實用標記。天子諸侯的后妃按制需依次侍寢，若遇月事不能侍奉，又羞於講出緣由，便在臉上點上紅色圓點，女史見後自會在侍寢名單上不列其名[1]。

至於面靨成為流行的妝容，傳說始於三國時期。吳國皇子孫和醉酒後突有興致，於月下舞水晶如意，卻不慎失手，傷了寵姬鄧夫人臉頰。血流沾汙於褲，美人驚懼嬌呼，孫和忙令太醫合藥為夫人治傷。太醫開出名貴的白獺髓與玉石粉、琥珀屑。白獺髓難得，孫和開出百金懸賞。鄧夫人傷痕治好

---

[1] 《釋名·釋首飾》：「以丹注面曰的。的，灼也，此本天子諸侯群妾當以次進御，其有月事者止不御，重以口說，故注此於面，灼然為識。女史見之則不書其名於第錄也。」

後，因藥中所合琥珀過多，瘉合處留下赤點如痣。夫人如玉膚色襯以紅點，孫和只覺更顯嬌妍。從此一眾女子為獲寵愛，都以丹紅胭脂點頰①。

唐時流行的面靨，進一步產生了黑靨、翠靨、花靨等繁多的式樣名目。

妝奩

各類脂粉妝品常盛在圓形或花形的小盒之中；又有直接以天然蚌殼或金銀仿製的蚌殼形小盒，作為盛放脂膏類妝品的器皿。化妝時，有盛水或油的小水盂，用以調和香膏使用。

在開元六年（718年）的韋恂如妻陸悅墓中，出土了一套完整的妝具，包括一面銀背銅鏡、各式小盒、兩件鎏金銀質小盂。墓主陸悅十五歲出嫁，二十歲早逝，遺下女兒英娘年僅三歲。韋英娘自幼由祖母養育，在十七歲時卻不幸染疾亡故。在開元二十一年（733年）的韋英娘墓中，同樣出土了一組妝具，包括一面金背銅鏡、各式鎏金銀質小盒與一柄刻花銀勺。母女二人昔日凝定在鏡中的盛唐面影早已消散，唯餘這些空空妝奩供今人懷想。

在河南偃師杏園出土的開元二十六年（738年）李景由夫婦墓②中，有一件保存完整的方形銀平脫漆木妝奩。盒面以銀箔平脫細密華麗的纏枝花卉紋樣，內分兩層，上層裝木梳及貼面的小型金花鈿，下層裝圓形漆粉盒、鎏金銀盒、小銀碗和小鎏金銅鏡等物。

①《拾遺記》：「孫和悅鄧夫人，常置膝上。和於月下舞水精如意，誤傷夫人頰，血流污褲，嬌妃彌苦。自舐其瘡，命太醫合藥。醫曰：『得白獺髓，雜玉與琥珀屑，當滅此痕。』即購致百金，能得白獺髓者，厚賞之。有富春漁人云：『此物知人欲取，則逃入石穴。伺其祭魚之時，獺有鬥死者，穴中應有枯骨，雖無髓，其骨可合玉舂為粉，噴於瘡上，其痕則滅。』和乃命合此膏，琥珀太多，及差而有赤點如朱，逼而視之，更益其妍。諸嬖人欲要寵，皆以丹脂點頰而後進幸。妖惑相動，遂成淫俗。」

②中國社會科學院考古研究所，《偃師杏園唐墓》[M]，北京：科學出版社，2001。
李景由夫人盧氏去世於開元十九年（731年），妝奩可能是先隨夫人葬入墓中，也可能是開元二十六年夫婦合葬時所添。

▲

各式妝具：鎏金銀製水盂、油盂、粉盒、胭脂盒，銀背銅鏡

韋恂如妻陸悅墓出土／唐開元六年（718年）

陝西省考古研究所，《陝西新出土文物選粹》[M]，重慶：重慶出版社，1998。

▲

各式妝具：鎏金銀製勺、粉盒、胭脂盒，金背銅鏡

韋恂如女韋英娘墓出土／唐開元二十一年（733年）

陝西省考古研究所，《陝西新出土文物選粹》[M]，重慶：重慶出版社，1998。

第四篇　粉黛 | 255

時代稍晚,這類妝具組合仍是女子妝台的愛物。如太和三年(829年)高府君夫婦墓中,夫人李氏所隨葬的仍是一組由金背銅鏡、鎏金小銀盒、水盂、小勺組成的套件。

「盒」字又寫作「合」,因此各類盛有脂粉香膏的小盒,成為男女間相贈以表情意的信物,方寸小物間,容有無數悲歡離合。白居易〈長恨歌〉末尾便寫已成仙的楊貴妃托臨邛道士致意,將昔日的定情信物鈿盒與金釵拆分送還唐玄宗:

回頭下望人寰處,不見長安見塵霧。
惟將舊物表深情,鈿合金釵寄將去。

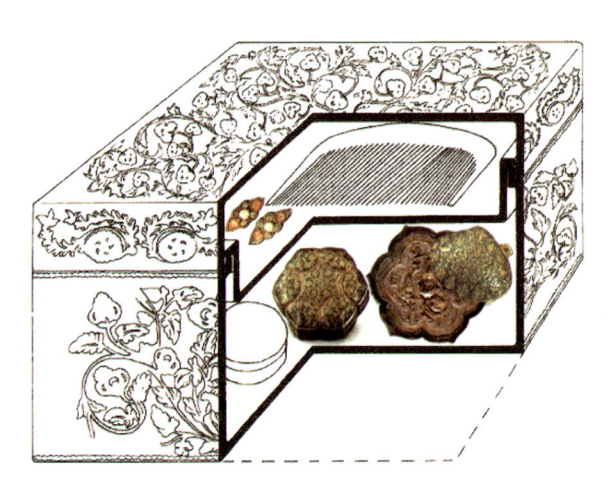

李景由夫婦墓出土銀平脫漆奩示意圖
本書作者據發掘報告線圖改製

▶ 各式妝具：粉盒、胭脂盒、鎏金銀勺、金背銅鏡、水盂

高府君夫婦墓出土／唐太和三年（829年）

洛陽市文物工作隊，〈洛陽市東明小區C5M1542唐墓〉[J]，《文物》，2004，(7)。

釵留一股合一扇，釵擘黃金合分鈿。
但教心似金鈿堅，天上人間會相見。

在唐人傳奇〈柳氏傳〉中，也記有這般情節：天寶年間，韓翊有愛姬柳氏。二人因安史之亂離散，直到戰後方再相遇。韓翊寄詩與柳氏：「章台柳，章台柳，昔日青青今在否？縱使長條似舊垂，也應攀折他人手。」柳氏答詩：「楊柳枝，芳菲節，所恨年年贈離別。一葉隨風忽報秋，縱使君來豈堪折！」

原來此時柳氏已被蕃將沙吒利強占，二人無法團圓，只能暗中相約再見。柳氏的車駕行經，她見到故人，「以輕素結玉合，實以香膏，自車中授之，曰：『當速永訣，原置誠念。』乃回車，以手揮之，輕袖搖搖，香車轔轔，目斷意迷，失於驚塵」。她將盛滿香膏的玉盒贈與愛人作為分別留念，從此再難相見，但她的脂粉氣息，卻能與情郎長相陪伴⋯⋯

韓偓作有雜言詩〈玉合〉一首，更是道出一枚小小粉盒背後的悵惘情意：

羅囊繡兩鳳凰，玉合雕雙鸂鶒。
中有蘭膏漬紅豆，每回拈著長相憶。
長相憶，經幾春？人悵望，香氤氳。
開緘不見新書跡，帶粉猶殘舊淚痕。

類似的信物，大約如西安唐代宮城遺址出土的一件青玉小盒，兩瓣盒身雕飾折枝牡丹，以金花小紐相連；頂端扣合處雕一雙鸂鶒，其間鏤雕穿孔，便可如柳娘一般穿上絲帶束起。

又如西安出土有一件鎏金小銀盒，盒底刻有和合二仙與「二人同心」字樣，背後結著情思的故事彷彿可以想見。

西安唐代宮城遺址出土玉盒
劉雲輝，《北周隋唐京畿玉器》[M]，重慶：重慶出版社，2000。

西安出土「二人同心」鎏金銀盒
本書作者攝

隋唐五代 女子典型妝容一覽

🌺 隋—初唐

　　這一時期妝容整體風格尚輕巧纖麗。女子膚色以傅粉潔白為美，又喜在雙頰飾以紅妝，眉樣以細眉為主。如唐太宗才人徐賢妃〈賦得北方有佳人〉：「柳葉眉間髮，桃花臉上生。」也有在額際及兩頰畫上細細斜紅的妝容。

　　太宗貞觀朝後期，女子妝容開始變得濃艷，出現了兩頰與雙眼上下都塗紅的妝容。

❌ 武則天時代

在武則天再度入宮的高宗朝初年,女子妝容大體延續著貞觀末年的時尚,柳眉白面,眉眼雙頰塗紅。接下來,眉式向著粗黑闊眉發展,雙眉間隙也變得較窄。

到了高宗與武則天二聖臨朝時期,妝容變得更加艷麗,額上的花鈿與兩頰的斜紅愈加濃艷,產生更豐富的花式,兩側嘴角也裝飾有點狀面靨。

當時詩文〈遊仙窟〉形容女子妝容:「紅顏雜綠黛,無處不相宜。艷色浮妝粉,含香亂口脂。鬢欺蟬鬢非成鬢,眉笑蛾眉不是眉」、「口上珊瑚耐

拾取，頰裡芙蓉堪摘得」、「靨疑織女留星去，眉似姮娥送月來」。

隨著武周女帝時代到來，女子面上更加穠麗，花鈿占滿額頭，雙眉暈開眉尾，眉下直至雙頰施以濃重胭脂。

直到武則天退位、中宗復位，女子妝容才有所收斂。

盛唐

開元前期的妝容都較為柔和。面妝以在眼角暈染淡紅的「桃花妝」為主；花鈿在傳統紅色之外更流行起翠鈿，式樣較為小巧精緻；眉形細長如柳葉，斜紅形如新月。

開元末年以來，女子的妝容變得明艷多樣。先是濃眉再次流行，兩道平直粗眉暈開，額頭、鼻梁、下頷保留傅粉的白底色，再以鮮麗的紅妝施於眉下，直到占滿兩頰，大約即是所謂「酒暈妝」。

花鈿式樣更為豐富，有些甚至用華麗的金銀珠玉製作；面靨可貼在嘴角及眼下承淚等處；斜紅除常規形態外更有作五色飛鳥狀的。

天寶年間，妝容再度變得柔和。如白居易〈上陽白髮人〉中寫「臉似芙蓉胸似玉」、「青黛點眉眉細長」；〈長恨歌〉中寫「芙蓉如面柳如眉，對此如何不淚垂」。

這時又有若干特別的妝容。

【白妝黑眉】

傳說中楊貴妃發明的妝容，粉面不施胭脂，眉黛塗黑。

【淚妝】

傳說中天寶年間後宮嬪妃喜愛的妝容，在臉頰以素粉點上花樣。

金鈿

淚妝

花靨　　　白妝黑眉

中唐

安史之亂後，女子妝容經歷了數十年的平和過渡期，其間並未產生太多新式樣；只是女子面妝變得淺淡，花鈿不再如盛唐那般使用抽象艷麗的圖形，多是作小小花草形態。

直到八世紀末、九世紀初，各種標新立異的妝容才開始接連產生。

花鈿

【貞元啼妝】

雙眉畫作悲愁似啼的八字狀；斜紅與面妝融合，只表現為臉畔紅粉的淺淺邊際線，如被眼淚染出痕跡一般。

貞元啼妝

【元和時世妝】

在貞元式妝容的基礎上進一步誇張化，不用胭脂粉妝，而是仿效游牧民族的「赭面」習俗，再畫出八字愁眉與烏色嘴唇。

元和時世妝

【長慶血暈妝】

剃去眉毛，在眼睛上下畫出三、四道紅紫色長痕，如瘀血一般。

長慶血暈妝

第四篇 粉黛 | 263

【太和險妝】

把原本真眉毛剃去,又剃開額前的頭髮,讓髮際線上移,使額頭變得寬廣。

過去長慶年間的血暈妝已然過時,此時妝飾的重點,是在寬廣額頭上另行描上眉妝。

🌸 晚唐五代

自晚唐以來,女子妝容重回到纖麗精巧的軌道上,主流是以長長柳眉、小小朱唇為喜好。女子將眉形、唇妝作為化妝的重點,並因此產生了諸般名目講究。

花鈿、面靨在日常裝飾中多以纖巧淡雅為主;誇張化的妝容組合多用以搭配盛裝,列入特殊名目的化妝之中。

太和險妝

【花靨】

歐陽炯〈女冠子〉:「薄妝桃臉,滿面縱橫花靨。」

【金靨】

孫光憲〈浣溪沙〉:「膩粉半沾金靨子。」

溫庭筠〈南歌子〉:「臉上金霞細,眉間翠鈿深。」

毛熙震〈後庭花〉:「時將纖手勻紅臉,笑拈金靨。」

【鳥靨】

李賀〈惱公〉:「勻臉安斜雁。」

金靨 　　　　　　　鳥靨 　　　　　　　花靨

劉恂《嶺表錄異》：「鶴子草……採之曝乾，以代面靨。形如飛鶴，翅尾嘴足無所不具。」

五代時期的大部分地域仍延續著晚唐流行，追求精美、纖巧、繁麗的妝容細節。

相對繁華富庶、未遭受戰爭之災的南方地區，則出現了一些誇張的流行時尚，去眉開額，另行在額間畫眉的做法再度出現，且眉形也變作短促狀。

【蜻蜓花子】

陶谷《清異錄》：「後唐宮人或網獲蜻蜓，愛其翠薄，遂以描金筆塗翅，作『小折枝花子』，金線籠貯養之，爾後上元賣花者，取象為之，售於遊女。」

小折枝花子

【北苑妝】

陶谷《清異錄》：「江南晚季，建陽進『茶油花子』，大小形制各別，極可愛。宮嬪縷金於面，背以淡妝，以此花餅施於額上，時號『北苑妝』。」

北苑妝

第四篇　粉黛｜265

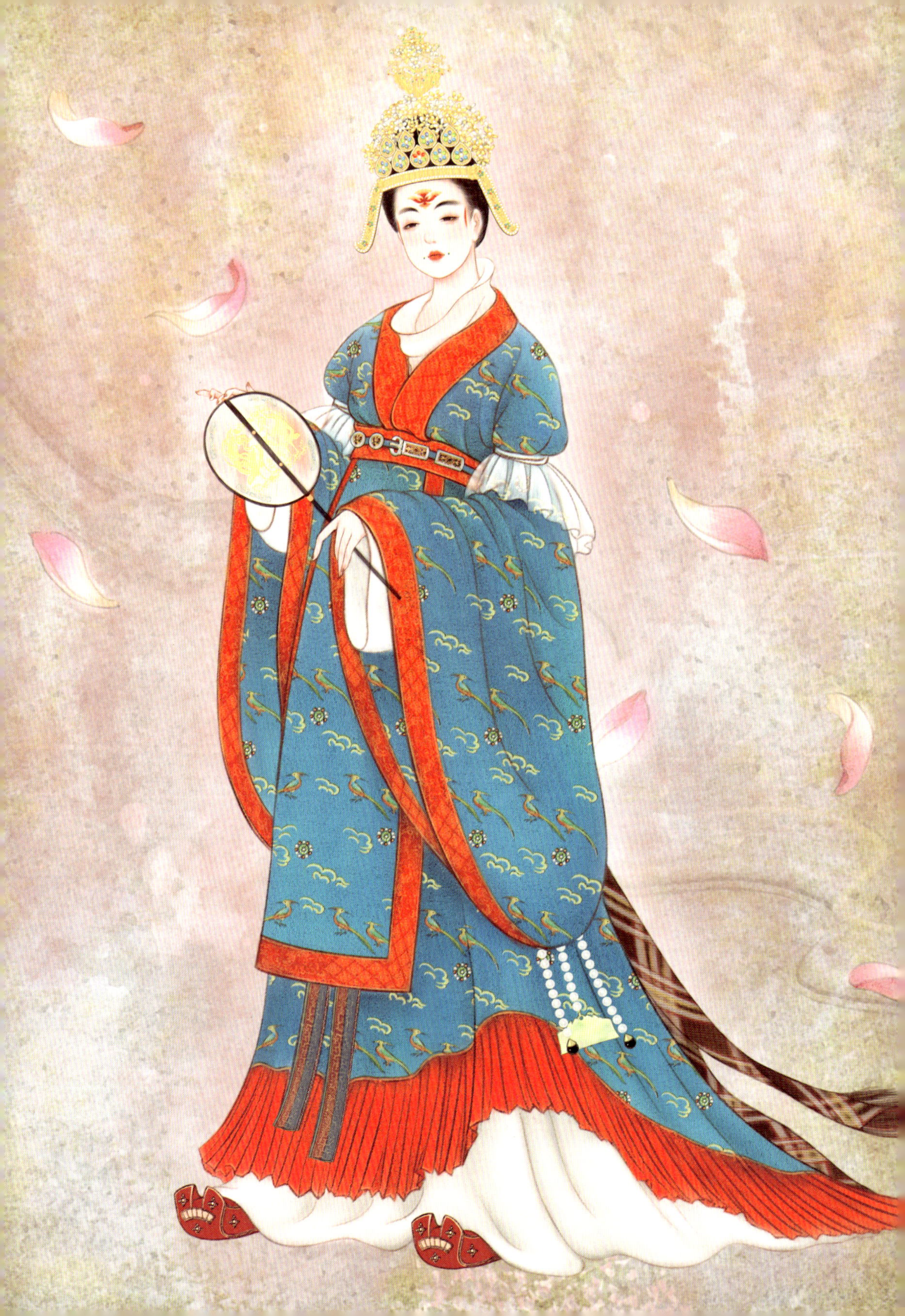

特别篇

何彼濃矣，
花如桃李。

◀ 公主的嫁衣

公主的嫁衣

唐永隆二年（681年）七月，唐高宗與武則天的愛女太平公主下嫁駙馬薛紹，婚禮儀式盛大至極——唐高宗特賜萬年縣為太平公主的婚禮場所，因其門隘狹窄，容納不下翟車，竟拆毀其牆垣讓翟車進入，沿路火炬連連，甚至導致道旁槐樹大多枯死[1]。

作為這場盛大繁華婚禮中心的太平公主，其妝束自然令人遐想。這裡參考當時若干禮制記載，對公主所穿婚服做出相應推測。

[1]《新唐書・公主傳》。

◆ 願在首而為華，隨微步以搖光

唐朝女子出嫁，依照禮制需著符合自身身分且等級最高的盛裝。所用的頭飾名為「花釵」，具體來看，庶民女子所用的「花釵」只是金銀琉璃塗飾的首飾，貴婦的「花釵」則包括花樹、寶鈿、博鬢

等華麗構件。這些構件可以附著在釵上，以便一一插戴於髮髻，也可以組合成一頂整體的花樹寶鈿禮冠直接佩戴。

公主所用的「花釵」，構件包括花樹九樹、寶鈿九枚、博鬢一雙。在禮制記載之外，當時還有華麗的花樹與鳳鳥組合而成的飾件，因此圖中在公主的花冠正中裝飾了一隻以鳳尾為花樹的立鳳形象。

鳳鳥與花樹
美國佛利爾美術館藏

❈ 願在衣而為領，承華首之餘芳

　　盛裝所用的服裝為翟衣，其中皇后所用的專名「褘衣」，太子妃所用的專名「褕翟」。翟衣的式樣刻意附會上古時代的深衣，「婦人尚專一，德無所兼，連衣裳不異其色」[①]，衣裙相連且同色，不同於當時日常女服流行的上短衫、下長裙的式樣。

　　最高等級的盛裝衣料名為「織成」，如皇后褘衣「深青色織成為之」，太子妃褕翟「青織成為之」。所謂「織成」，指依需求事先織造形狀紋樣的織物，不必如一般衣料那樣裁製成片，可直接加工縫綴成衣。內外命婦所穿的翟衣，則是在羅上以刺繡做成花紋。衣上的花紋主體是成行排列的翟鳥（參照宋朝制度應為錦雞，然目前無唐代翟衣的具體形象，圖中參考宋朝翟衣紋樣補繪），數量也因身分等級自皇后以下依次遞減。在翟衣之內還需襯一素紗中單，素紗的白底使外衣的紋樣得以彰顯。

　　翟衣的領、袖、下裳均有朱紅色緣邊。領邊名為「黼領」，即在衣上領緣邊做刺繡。這種繡領的風尚淵源悠久，先秦時代貴族便已對領緣特別重視——最初大約是出於實用，衣領是最為醒目又最易磨損的部位，自當加以緣邊；而後領邊逐漸成為裝飾的重點。於女子而言，裝飾精美的領邊也成為映襯容色的極好助益。南朝沈約有詩：「纖手制新奇。刺作可憐儀。縈絲飛鳳子。結縷坐花兒。不聲如動吹。無風自移枝。麗色儻未歇。聊承雲鬢垂。」[②]唐代的禮服仍延續著這樣的古制。袖端緣邊名「褾」，下裳緣邊名「襈」，均是以朱紅色紗縠製作。

[①] 鄭玄注《周禮·天官·內司服》。

[②] 沈約，《十詠·領邊繡》、《玉台新詠》。

▲ **宋神宗皇后坐像**／台北故宫博物院藏

願在裳而為帶，束窈窕之纖身

穿上翟衣後，需以大帶束腰。大帶顏色與翟衣相同，以織錦緣邊，上端用朱錦，下端用綠錦。衣帶繫結處另附青色組帶結成的紐扣。

身前還需另加蔽膝，蔽膝源於上古遮羞的實用長巾，而後逐漸成為禮儀制度的一部分。蔽膝採用與翟衣同樣的衣料，其上同樣依命婦身分等級裝飾翟鳥，用緅色（深紅色）緣邊。

革帶束在最外，其具體形制在唐代禮制中沒有詳細記載；但參照宋人皇后畫像，大約唐代也應在革帶上裝飾帶銙。在陝西省長安縣南里王村唐竇皦墓出土的一組帶具，以青白玉梁金筐為底、嵌珍珠琉璃寶石，應是用於男性朝服；同時期貴冑女眷的革帶飾件，應與之類似。

金筐寶鈿玉帶
陝西長安南里王村竇皦墓出土

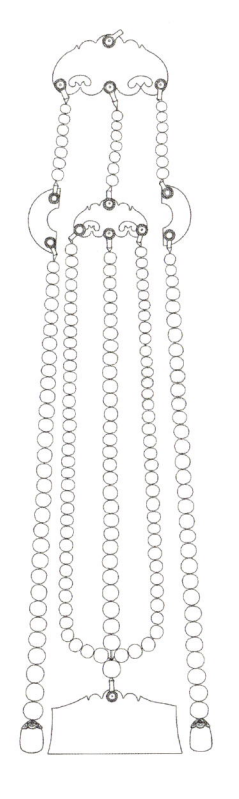

佩鳴玉以比潔，繫長綬而偕老

腰際兩側，掛有成組的玉佩。玉佩一方面有節步作用，使佩戴者行動端莊，另一方面也能裝飾與區分身分等級。組玉佩的結構，主體為上、中、下三層玉珩。最上層的一枚直接與腰部掛帶連接，下端穿孔，垂下三道穿珠的長索以掛玉飾；中層玉珩兩旁各豎立一枚半圓環形的玉璜；下層玉珩兩側各垂一圓珠。佩戴時，上中兩層往往隱在寬大的衣袖之下，唯獨露出下珩與垂珠；伴隨著佩戴者的行動，垂珠與玉珩撞擊出清脆的聲響。

此外，還有綬帶繫在腰後自然垂下。唐時的綬以色彩、長度、工藝等區分等級，製作多以一色為主，再在其間用彩色絲線交錯編織出紋路。其具體形貌應如日本奈良正倉院所藏的一條組帶，近黑的暗紫底色上暈出黃赤白縹綠的交錯紋路；這大約是仿效唐代制度中，帝后所用的「玄綬」。

組玉佩
陝西西安唐劉智夫婦墓出土
陝西省考古研究院，等。〈陝西西安唐劉智夫婦墓發掘簡報〉[J]，《考古與文物》，2016，(3)。

組帶
日本奈良正倉院藏

願在絲而為履，附素足以周旋

依照古制，複底之履名舄。唐代制度中對其式樣記載得頗為簡略，但唐太宗文德皇后長孫氏所穿之履在宋代猶存，名書法家米芾曾經親見，並臨寫為畫，且在畫側題跋：「右唐文德皇后遺履，以丹羽織成，前後金葉裁雲為飾。長尺，底向上三寸許，中有兩繫，首綴二珠，蓋古之岐頭履也。臣米芾圖並書。」[1]

雖米芾所繪圖像未見傳世，但根據文字記載已可大致知曉其形貌——以丹紅色織成製作，上加金葉雲形飾物，履頭翹起作分歧狀，縫綴兩枚珠飾。

如文字所描述的履式，有日本奈良正倉院收藏的一雙「衲御禮履」。天平勝寶四年（752年），聖武天皇在大佛開眼法會上穿過這雙履，其底做雙層，應即唐代制度中所記載的「舄」；其製作係以赤皮作表，白皮為裡，白綾墊，金線縫邊，鞋上裝飾有鍍金銀花飾（因年久大部分已變為黑色），上嵌珍珠、琉璃、水晶三種珠玉，分歧的履頭高高翹起，前端鑲嵌白色飾片六片。

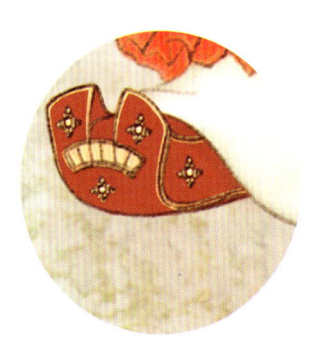

[1]《說略》。

衲御禮履

日本奈良正倉院藏

正倉院事務所，《正倉院寶物·南倉》[M]，東京：朝日新聞社，1989。

參考文獻

古籍

[1] [北齊] 魏收,《魏書》[M],北京:中華書局,2017。

[2] [梁] 沈約,《宋書》[M],北京:中華書局,1974。

[3] [唐] 魏徵,等。《隋書》[M],北京:中華書局,1973。

[4] [唐] 杜佑,《通典》[M],北京:中華書局,1984。

[5] [後晉] 劉昫,等。《舊唐書》[M],北京:中華書局,1975。

[6] [宋] 歐陽修、宋祁,《新唐書》[M],北京:中華書局,1975。

[7] [宋] 薛居正,等。《舊五代史》[M],北京:中華書局出版社,2000。

[8] [北宋] 王欽若,等。《冊府元龜》[M],北京:中華書局,1960。

[9] [宋] 司馬光,《資治通鑑》[M],北京:中華書局,2013。

[10] [清] 彭定求,等。《全唐詩》[M],上海:上海古籍出版社,1986。

[11] 陳尚君,《全唐詩補編》[M],北京:中華書局,1992。

[12] 王重民,《全唐詩外編》[M],北京:中華書局,1982。

[13] [唐] 張文成,〈遊仙窟〉[M],北京:中華書局,2012。

[14] [唐] 段成式,《酉陽雜俎》[M],上海:上海古籍出版社,2012。

[15] [唐]張鷟,《朝野僉載》[M],《叢書集成初編》本。

[16] [唐]李德裕,等。《次柳氏舊聞・外七種》[M],上海:上海古籍出版社,2012。

[17] [唐] 段公路,《北戶錄》[M],《叢書集成初編》本。

[18] [唐] 李肇,《唐國史補》[M],《叢書集成初編》本。

[19] [唐] 劉恂,《嶺表錄異》[M],《叢書集成初編》本。

[20] [唐] 姚汝能，《安祿山事跡》[M]，上海：上海古籍出版社，1983。

[21] [唐] 崔令欽，《教坊記·外七種》[M]，上海：上海古籍出版社，2012。

[22] [五代] 王仁裕，等。《開元天寶遺事外七種》[M]，上海：上海古籍出版社，2012。

[23] [漢] 史游，[宋] 王應麟補注，張傳官校理，《急就篇》[M]，北京：中華書局，2017。

[24] [漢] 劉熙，《釋名》[M]，《叢書集成初編》本。

[25] [隋] 顏之推，《顏氏家訓》[M]，上海：上海古籍出版社，1980。

[26] [晉] 崔豹，《古今注》[M]，影印《叢書集成初編》本。

[27] [前秦] 王嘉，《拾遺記·外三種》[M]，上海：上海古籍出版社，2012。

[28] [唐] 朱揆，〈釵小志〉[M]，《香艷叢書》本。

[29] [唐] 宇文士及，〈妝台記〉[M]，《香艷叢書》本。

[30] [唐] 顏師古，〈大業拾遺記〉[M]，《香艷叢書》本。

[31] [唐] 張泌，〈妝樓記〉[M]，《香艷叢書》本，宛委山堂《說郛》本。

[32] [五代] 馬縞集，《中華古今注》[M]，《叢書集成初編》本。

[33] [五代] 趙崇祚，《花間集》[M]，宋紹興十八年刻本。

[34] [五代] 馮鑑，《續事始》[M]，商務印書館影印古籍。

[35] [宋] 江休復，《醴泉筆錄》[M]，清道光刻本。

[36] [宋] 高承，《事物紀原》[M]，北京：中華書局，1989。

[37] [宋] 陶谷，《清異錄》[M]，《叢書集成初編》本。

[38] [明] 顧起元，《說略》[M]，影印文淵閣四庫全書本。

今人論著

[1] 新疆維吾爾自治區博物館，《新疆維吾爾自治區博物館》[M]，北京：文物出版社，1991。

[2] 中國歷史博物館，新疆維吾爾自治區文物局，《天山·古道·東西風：新疆絲綢之路文物特輯》[M]，北京：中國社會科學出版社，2002。

[3] 新疆維吾爾自治區博物館，《古代西域服飾擷萃》[M]，北京：文物出版社，2010。

[4] Stein. *Innermost Asia: Detailed Report of Explorations in Central Asia, Kan-Su and Eastern Iran*, [M].Oxford University Press, 1928.

[5] 國家文物局古文獻研究室，等。《吐魯番出土文書》（全10冊）[M]，北京：文物出版社，1991。

[6] 唐長孺，中國文物研究所，等。《吐魯番出土文書》（全4冊）[M]，北京：文物出版社，1994。

[7] 韓生，《法門寺文物圖飾》[M]，北京：文物出版社，2009。

[8] 陝西省考古研究院，等。《法門寺考古發掘報告》[M]，北京：文物出版社，2007。

[9] 昭陵博物館，《昭陵唐墓壁畫》[M]，北京：文物出版社，2006。

[10] 陝西歷史博物館，《唐墓壁畫珍品》[M]，西安：三秦出版社，

2011。

[11] 陝西省文物管理局委員會，《陝西省出土唐俑選集》[M]，北京：文物出版社，1958。

[12] 陝西歷史博物館，等。《花舞大唐春：何家村遺寶精粹》[M]，北京：文物出版社，2003。

[13] 黃能馥，《中國美術全集·工藝美術編·印染織繡（上）》[M]，北京：文物出版社，1987。

[14] 楊伯達，《中國美術全集·金銀玻璃琺瑯器》[M]，北京：文物出版社，1987。

[15] 正倉院事務所，《正倉院寶物》（全10卷）[M]，東京：每日新聞社，1994。

[16] 黃永武，《敦煌寶藏》（全140冊）[M]，台北：新文豐出版公司，1982。

[17] 趙豐，《敦煌絲綢藝術全集·俄藏卷》[M]，上海：東華大學出版社，2014。

[18] 趙豐，《敦煌絲綢藝術全集·法藏卷》[M]，上海：東華大學出版社，2010。

[19] 趙豐，《敦煌絲綢藝術全集·英藏卷》[M]，上海：東華大學出版社，2007。

[20] 尚剛，《隋唐五代工藝美術史》[M]，北京：人民美術出版社，2005。

[21] 孫機，《中國古輿服論叢》[M]，上海：上海古籍出版社，2013。

[22] 揚之水，《中國古代金銀首飾》[M]，北京：紫禁城出版社，2014。

[23] 揚之水，《無計花間住》[M]，北京：中信出版集團股份有限公司，2016。

[24] 葉嬌，《敦煌文獻服飾詞研究》[M]，北京：中國社會科學出版社，2012。

[25] 武敏，《織繡》[M]，台北：幼獅文化事業有限公司，1992。

[26] 周汛、高春明，《中國歷代婦女妝飾》[M]，上海：學林出版社，1988。

[27] 黃能馥、陳娟娟，《中國絲綢科技藝術七千年：歷代織繡珍品研究》[M]，北京：中國紡織出版社，2002。

[28] 黃能馥、陳娟娟、黃鋼，《服飾中華：中華服飾七千年》[M]，北京：清華大學出版社，2011。

後記（一）

　　本書的最初緣起，原是應師友之邀，在高校的藝術史課程中客串幾講服飾史內容。

　　當時從先秦講到唐宋，定名為《中國古代簡明服飾史綱要》。後來整理講稿，卻發現若將它歸入藝術史之列實在很不像樣。敘述的立場只是從個人興趣出發，選取的角度極片面，體例既不合於深文羅織的「學術研究」，也未闡發出什麼高深莫測的「藝術理論」。適逢清華大學出版社有書稿相約，索性不合規矩到底，決定以這組講稿為基礎，寫出一系列講解歷朝歷代服飾變遷的小書，一一臚舉那些可愛可感的古人衣飾，細細拆解其間微妙的流變脈絡——人們對美的追求，是「雖世殊事異，所以興懷，其致一也」。

　　於是和插畫家末春開始了長達數年的合作。一張張精緻插畫，背後也是長期的辛苦：首先需確認諸多文物的真實細節，再進行構擬復原或補充設計，反覆修改推敲，最終得以在書中一一呈現。

　　長期給予我與末春支持與鼓勵，並提供很多實用建議的，是本書的責任編輯一琳。我的好友是本書初稿的第一個閱讀者，他耐心審讀字句，總是

能發現我的錯漏不足，甚至引發出我未察覺的新視角、新觀點。學友夢華、熊貓、墨龍也在考古文物方面提供了大量有益的幫助。我在中國古代妝束復原小組結識的友人鏡子提供了梳妝方面的建議，春光提供了草木染色方面的參考。在此一併致謝。雖在後記裡感謝早已制式化，但這裡容納的情感的確是真實的。

在後記裡，尚需滿懷愧怍不安地進行說明：本書的內容不過是我進行諸多方面「萬金油」式學習得來的一些感知感想。書中略而未及者，也並非是無足輕重，只是體例所限，不得不有所削取。

若要研究唐代服飾，以下考古與研究成果極為重要，立足其上，本書中的諸多分析、研究、推測復原才成為可能。各位讀者未來若有興趣與餘裕進行更深入的探索，懇請閱讀瞭解以下內容：

（一）新疆吐魯番阿斯塔那墓葬群出土初唐至盛唐的紡織品與服飾實物。

二十世紀考古專家吳震、武敏仵儺發掘整理了這批墓葬中出土的大量紡織品實物。武敏先生以其中出土的服裝實物為基礎，對唐代織物種類、工藝

以及女裝的式樣進行了基本而全面的研究。我有幸得見這些材料，並多次借展覽或參觀庫房之際目驗甚至實測其中部分，做了初步的整理分析，目前已能還原出多組基本完整的唐代女性衣飾。

（二）陝西法門寺唐代地宮出土的晚唐絲綢與服飾實物。

王㐨、王亞蓉二位先生首先對它們進行了整理修復。此後德國紡織考古專家安格麗卡‧斯里夫卡女士又自糟朽嚴重的衣物中，提取出多件晚唐皇室貴族女性獻納的服飾實物。我有幸大致目驗了其中兩套服裝，並就其式樣結構、穿著形式與定名，在前文做了論述。

（三）敦煌石窟藏經洞出土的紡織品。

這部分文物在二十世紀初已被英、法、俄等國竊走，散落海外各處，有賴趙豐先生一行海內外研究者的整理，大量敦煌絲綢的資料才得以整理刊布成書。

（四）日本考古學者原田淑人先生首開中國服裝史研究的學問，並且為唐代服飾研究搭起了基本的框架[1]。隨後相繼有沈從文[2]、周錫保[3]、黃能馥與陳娟娟伉儷[4]等前輩學者的服飾通史類著作涉及

[1] 原田淑人，《唐代的服飾》，譯本收錄於《中國服裝史研究》。

[2] 沈從文，《中國古代服飾研究》。

[3] 周錫保，《中國古代服飾史》。

[4] 黃能馥、陳娟娟，《中國服裝史》。

唐代。

（五）考古學者孫機先生詳細校釋了兩《唐書》中有關唐代服飾制度的記載，並專門對唐代女性的服飾與化妝做了研究[5]。揚之水先生研究了中國古代金銀首飾的發展史，其中於唐代首飾專闢有篇目論述[6]。

左丘萌

2020年2月20日

---

[5] 孫機，〈兩唐書輿（車）服志校釋稿〉、〈唐代婦女的服裝與化妝〉，二文皆收錄於《中國古輿服論叢》。

[6] 揚之水，《中國古代金銀首飾》。

後記（二）

　　寫這篇後記前，我特意翻看了編輯劉一琳加我微信的時間，是2017年7月23日，從最初瞭解這本書的策劃到最終完成全書的繪製、出版，耗時近三年，鬆口氣之餘，心裡也不由感慨我們所耗費的巨大心力。

　　其實，我對出書並沒有多大的興趣，也為這本書繁重的插圖任務猶豫過，但最終確定下來要畫，原因有二：一是基於對這個題材感興趣，很好奇古代女子的妝與束，想以自己的風格去演繹。直覺告訴我，最終的成書應該是現有同類書中質量較好的。二是當時拿到了一筆插畫的授權費，可以樸素生活至少一年不用擔心收入的問題，沒有後顧之憂才是開啟本書繪製之旅的必要因素。與這本書同期創作的還有我的「滬上花」系列，現在回顧，這段時間算是我自由職業以來狀態比較好的階段，目標明確、心無旁騖。

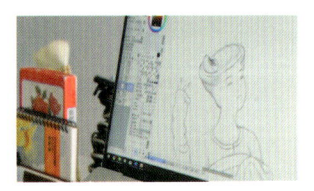

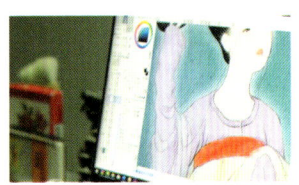

　　文字作者左丘萌擁有考古學背景，我所繪製的人物，會嚴格依據他所提供的資料進行，髮型、妝容、首飾、服裝無不是細心考證過的結果。我需要將左丘萌繪製的示意圖、出土的文物照片、相關的文學作品、同期的壁畫雕塑等進行重構，並為她

▲ 創作過程

▲ 「紅拂夜奔」過程圖

們設定合理的場景。需要和左丘萌反覆多次確認細節，最終繪製出大家所看到的插畫。每畫完一張，我都覺得她們似乎是真實存在的。

我喜歡用vlog記錄生活，2019年5月19日發布的那期vlog，剛好拍到了我繪製「紅拂夜奔」的過程。如果你想瞭解書中人物的繪製過程，可以掃描QR Code。一些更細緻的繪製過程我也會逐步整理，陸續放在我的微博和B站上，歡迎關注。

最後，想感歎下這些好運氣：有幸被看到、試稿被認可，和左丘萌、劉一琳組成的三人小團隊，從最初確立到日復一日地反覆調整細節、相互鼓勵，最終如願成書。在這繁雜又漫長的工作中，大家都極具耐心，脾氣也很對頭，這真的是一件難得又幸運的事。

末春

2020年3月5日

大唐女子時尚圖鑑
從妝容、配飾到霓裳，揭開千年前的審美密碼，縱覽唐朝女性的穿搭美學

作　　　者	左丘萌
繪　　　者	末　春
封 面 設 計	郭彥宏
內 頁 排 版	簡至成、戴洛葇
行 銷 企 劃	蕭浩仰、江紫涓、羅聿軒
行 銷 統 籌	駱漢琦
營 運 顧 問	郭其彬
業 務 發 行	邱紹溢
編 輯 協 力	李世翎
責 任 編 輯	劉淑蘭
總　編　輯	蔣豐雯

大唐女子時尚圖鑑：從妝容、配飾到霓裳，揭開千年前的審美密碼，縱覽唐朝女性的穿搭美學/ 左丘萌著. -- 初版. -- 臺北市：豐富文化，漫遊者文化事業股份有限公司出版，大雁出版基地發行, 2025.08
296 面；23X17 公分

ISBN 978-626-97132-3-3 (平裝)

1.CST: 服飾 2.CST: 化粧 3.CST: 女性 4.CST: 唐代
538.182　　　　　　　　　　　　　114008894

出　　　版	豐富文化／漫遊者文化事業股份有限公司
地　　　址	台北市103大同區重慶北路二段88號2樓之6
電　　　話	(02) 2715-2022
傳　　　真	(02) 2715-2021
服 務 信 箱	service@azothbooks.com
網 路 書 店	www.azothbooks.com
漫遊者臉書	www.facebook.com/azothbooks.read

發　　　行	大雁出版基地
地　　　址	新北市231新店區北新路三段207-3號5樓
電　　　話	(02) 8913-1005
訂 單 傳 真	(02) 8913-1056

初 版 一 刷	2025年8月
定　　　價	台幣980元
ISBN	978-626-97132-3-3 (平裝)

本作品中文繁體版通過成都天鳶文化傳播有限公司代理，經清華大學出版社有限公司授予漫遊者文化事業股份有限公司獨家出版發行，非經書面同意，不得以任何形式任意複製轉載。

有著作權．侵害必究
本書如有缺頁、破損、裝訂錯誤，請寄回本公司更換。